Chloé Ponsin
@calindekoala

Je porte MON BÉBÉ

MOYENS DE PORTAGE
TECHNIQUES
QUESTIONS-RÉPONSES

Hatier
parents

Direction : Rachel Duc

Responsable éditoriale : Caroline Terral

Éditrice : Mathilde Obergfell

Directeur artistique : Nicolas Vallet

Cheffe de studio : Morgane Tachot

Dessins et schémas : Tania Sayavanh

Conception graphique et mise en page : Joséphine Cormier – La Fabrique Graphique

Fabrication : Cécile Labarthe

SOMMAIRE

Ma première tentative de portage en sling : j'ai bien progressé depuis !

INTRODUCTION

Mon aventure dans le portage a commencé par une absence d'ascenseur. Enceinte de mon premier enfant et habitant au troisième étage, la perspective de porter une poussette dans les escaliers ne me paraissait pas séduisante. Alors j'ai commencé à me renseigner sur le portage des bébés. J'ai été cette personne qui tapait sur son clavier : « Quel moyen de portage choisir ? ». J'ai, moi aussi, été débutante et perdue face à toute l'offre existante. J'ai acheté un premier moyen de portage, j'ai étudié la notice d'installation et j'ai commencé à porter mon bébé après sa naissance, à la maternité. Et là, ce fut une révélation. Installé dans l'écharpe, pourtant de façon approximative, il s'apaisait et s'endormait. De mon côté, j'adorais sentir son petit corps contre le mien tout en retrouvant l'usage de mes mains. Ce bébé que j'avais longtemps porté dans mon cœur, je le portais à présent contre mon cœur.

J'ai rapidement eu envie d'en apprendre davantage sur le pouvoir du portage. Début 2019, j'ai suivi une formation initiale de monitrice de portage avec *Transmettre Ensemble Le Portage*. Cette formation de six jours qui alternait théorie et pratique faisait suite à mes lectures sur le sujet. Elle m'a permis de développer des connaissances sur la physiologie du bébé, sur les moyens de portage ainsi que sur les techniques de nouages. Mettant en application ces connaissances acquises, mon quotidien de maman porteuse n'en a été que plus confortable. Puis, animée d'une volonté de partager mes nouvelles compétences avec d'autres parents, la création de l'association *Calindekoala* en mai 2019, proposant des ateliers de portage, m'a paru être la continuité logique de mon chemin. J'ai également ouvert un compte Instagram, @calindekoala pour promouvoir le portage et donner quelques clés aux parents souhaitant s'informer. En parallèle, j'ai continué à creuser plusieurs thématiques en suivant des formations complémentaires. Cela m'a permis d'avoir davantage d'outils et ainsi d'accompagner chaque famille dans sa singularité. Je me suis d'abord spécialisée dans les techniques de portage pour apaiser les bébés souffrant de reflux gastro-œsophagien. Puis, en 2020, j'ai étudié plus finement le portage dans les bras, qui reste aujourd'hui le moyen de portage le plus utilisé par les parents. Enfin, en 2022, désireuse d'élargir mon champ de compétences, j'ai choisi d'approfondir mes connaissances à propos des installations en portage pouvant être proposées lorsque le parent porteur ou l'enfant porté se trouve en situation de handicap.

Ce livre, je l'ai pensé comme l'ouvrage que j'aurais aimé avoir entre les mains lors de ma découverte du portage. C'est un condensé d'informations pour se familiariser avec cette pratique, pour découvrir ce qui existe et faire des choix éclairés. Pourquoi ? Parce que le portage évolue constamment avec la parution de nouvelles études et la création de nouveaux produits. Ce n'est pas une science exacte. Cependant, même si la vérité absolue n'existe pas, certains grands principes sont à connaître pour porter confortablement et en toute sécurité.

Utiliser un nouvel outil tout en manipulant son bébé, un être vivant qui bouge et qui n'est pas toujours bien disposé, n'est pas évident au départ. Soyez bienveillants avec vous-mêmes ! Laissez-vous du temps et n'oubliez pas que le degré de maîtrise évolue petit à petit. La nouveauté peut effrayer, déstabiliser ou donner l'impression d'être incompétent(e), mais le portage est accessible à tous ceux qui souhaitent le pratiquer. Alors oui, vous allez y arriver !

Dans ce livre, vous trouverez de la théorie, utile pour lever le voile sur le portage qui peut, quand on n'y a pas encore vraiment mis les pieds, paraître obscur. Dans votre quotidien, vous êtes confronté(e)s à la vraie vie, qui est parfois plus complexe que la simple application de la théorie. N'ayez pas peur de faire mal, osez vous lancer en gardant en tête un élément important : la sécurité. Aussi, pour vous accompagner et vous rassurer, vous trouverez au fil de cet ouvrage des renvois vers des vidéos afin d'éclairer au maximum mon propos. Je souhaite que ce livre soit un outil qui vive entre vos mains et auquel vous puissiez vous référer tout au long de votre pratique.

Après une première partie abordant les généralités et prérequis à comprendre sur le portage, je détaillerai les différentes familles de moyens de portage existantes afin de vous permettre d'avoir une vision d'ensemble, puis, une vision plus fine de l'offre proposée aujourd'hui. La dernière partie sera consacrée aux situations particulières et aux questions fréquentes que l'on peut se poser quand on est futur ou jeune parent et que l'on commence à s'intéresser au domaine du portage.

J'ai à cœur de partager avec vous ce que j'ai acquis au cours de ma pratique personnelle et professionnelle, riche de la diversité des accompagnements que j'ai eu la chance de vivre auprès de nombreuses familles et des échanges avec d'autres professionnels du portage. Néanmoins, l'expert de votre enfant, c'est vous. Vous êtes la personne qui le connaît le mieux alors sentez-vous libre de piocher dans ce qui vous parle et de faire vos propres choix en fonction de ce qui vous paraît le plus adapté à votre situation.

1, 2, 3, prêts ? Portez !

Chloé

Dans cette première partie, nous allons mettre en avant les raisons pour lesquelles le portage est une pratique présente à travers le monde depuis des millénaires. Nous détaillerons ensuite les principes de base du portage physiologique, à bras et dans un moyen de portage. Enfin, nous terminerons par les règles à connaître pour porter son bébé en toute sécurité.

1.

LE PORTAGE, GÉNÉRALITÉS & PRÉREQUIS

1

Pourquoi porter son bébé ?

QUI EST LE BÉBÉ HUMAIN ?

Le bébé humain est un mammifère conçu pour être porté. Il y a 200 000 ans, les Homo Sapiens se déplaçaient déjà avec leurs petits agrippés à eux, ce qui aidait à les mettre à l'abri des prédateurs. L'archéologue Timothy Taylor a émis l'hypothèse que l'une des inventions qui a permis de perpétuer l'espèce humaine serait le porte-bébé. Quand les hominidés ont acquis la bipédie, les femelles ont commencé à se déplacer debout. Leurs petits ne pouvaient alors plus s'accrocher sur leur dos. Le problème du portage se serait posé, car le seul portage à bras aurait fortement limité leur liberté d'action et de déplacement. Elles auraient alors fabriqué des accessoires pour porter leurs bébés en bandoulière à partir de peaux ou de viscères d'animaux.

Attardons-nous un instant sur les différentes familles de mammifères pour comprendre où se classe le bébé humain et pourquoi le portage est intrinsèquement lié à sa nature. L'éthologue Bernhard Hassenstein a proposé trois catégories pour regrouper les mammifères en fonction de leur adaptation à leur environnement au moment de la naissance : les nidifuges, les nidicoles et les portés :

- **Les bébés nidifuges** sont des reproductions miniatures de leurs parents. C'est le cas des chevaux, des moutons ou des girafes. La taille de leur cerveau est à 80 % celle de l'adulte, ce qui en fait des mammifères presque achevés à la naissance. Quelques minutes après leur venue au monde, ils peuvent se dresser sur leurs pattes, aller téter seuls et fuir en cas de danger. Ils sont donc capables d'assurer leur survie de façon autonome très rapidement.

- **Les bébés nidicoles** naissent en portée et sont élevés dans un nid. Il s'agit d'animaux comme les chats, les chiens, les oiseaux, les renards ou les lapins. Leur développement cérébral correspond à 40 % de celui de l'adulte et ils naissent les yeux fermés. Ce sont donc des animaux dépendants, qui restent au chaud, blottis les uns contre les autres en attendant que leur mère vienne les nourrir. Le lait des mammifères nidicoles est très riche, ce qui rassasie les bébés pour de longues durées, leur permettant de rester seuls calmement pendant que leurs parents partent chasser.

- Enfin, la dernière catégorie de bébés, ce sont **les bébés portés**, qui sont incapables de se déplacer seuls. Certains bébés sont des portés passifs, comme les kangourous ou les koalas. Ils naissent à un stade embryonnaire avec un cerveau représentant 25 % de celui de l'adulte et sont transportés dans une poche qui est un repli de peau autour de la mamelle de la maman. D'autres sont des portés actifs, avec un cerveau développé à 45 % de celui de l'adulte, et se tiennent fermement à la personne qui les porte, grâce à des réflexes d'agrippement. C'est le cas du singe.

À la lumière de ces informations, peut-on dire où se situe le bébé humain ? La réponse n'est pas si évidente ! Il présente des caractéristiques propres aux portés passifs (cerveau étant à 25 % celui de l'adulte) et aux portés actifs (compétences d'agrippement dès sa naissance au niveau des mains et des pieds). Le bébé humain serait donc un bébé porté passif-actif. Notons néanmoins que même si l'on avait une pilosité plus développée, un bébé placé verticalement sur le buste de son parent tomberait malgré ses réflexes pour s'agripper. Cela est dû à son développement cérébral encore immature et à son pouce, qui ne devient opposable que vers l'âge de neuf mois, condition nécessaire pour un agrippement fin.

BON À SAVOIR

Pourquoi le bébé humain naît-il avec un cerveau si peu développé par rapport aux autres primates ?

L'être humain a le plus gros cerveau de tous les primates à l'âge adulte, mais il naît avec celui le moins développé proportionnellement à sa taille finale. Actuellement, deux principales théories coexistent pour expliquer un tel inachèvement du cerveau humain à la naissance.

- **La première théorie est celle du dilemme obstétrical.** Depuis les premiers hominidés, la gestation humaine dure neuf mois. Le volume crânien a considérablement augmenté au fil des millénaires, alors que l'acquisition de la bipédie a entraîné des contraintes sur la dimension du bassin. La durée de la gestation humaine n'a donc pas été rallongée, sinon le bébé n'aurait plus pu s'engager dans le bassin des mères. Par rapport au développement de son cerveau, le bébé humain naît donc de plus en plus tôt et il a alors besoin pendant ses premiers mois de vie d'un « utérus avec vue » qui est le buste de sa mère.

- **La deuxième théorie est celle des énergies.** Certaines recherches récentes remettent en cause le fait que la bipédie ne serait possible qu'avec un bassin peu large. Des chercheurs ont émis l'hypothèse que vers neuf mois de gestation, la dépense énergétique de la mère pour gérer les besoins de son bébé devient trop importante et, pour qu'elle survive, il faut alors que le bébé naisse.

Néanmoins, quelle que soit la théorie, tous les scientifiques s'accordent pour affirmer que le bébé naît à un stade fœtal avancé correspondant à un état de prématurité. Il a donc besoin pendant ses premiers mois de vie de beaucoup de contact et des bras de ses parents pour pouvoir continuer de façon harmonieuse sa croissance ex utero.

LE PORTAGE DANS LE MONDE

Partout dans le monde et depuis le début de l'humanité, les bébés sont portés. Le portage est avant tout un moyen de se déplacer avec son bébé, tout en le gardant près de soi pour le protéger et le materner. Les parents ne possèdent pas de poussettes, qui seraient d'ailleurs souvent inutilisables sur leurs chemins, et les modes de garde sont peu répandus. Grâce à un système de portage, la mère peut alors travailler tout en ayant son bébé à proximité pour répondre à ses besoins. Dans ces cultures, les bébés sont principalement portés sur le dos, ce qui permet à l'adulte de vaquer à des occupations agricoles, commerciales ou domestiques. Le porteur, le plus souvent la mère, peut alors facilement se baisser et a un champ d'action plus large que si le portage s'effectuait sur son ventre.

Selon les continents et les conditions climatiques, il existe divers outils permettant de porter les bébés. Dans les pays chauds, les moyens de portage utilisés sont majoritairement conçus avec des matériaux légers afin de rendre le portage le plus aéré possible alors que dans les pays froids, un maintien maximum de la chaleur corporelle est recherché afin d'assurer la survie du bébé.

À travers le monde, on distingue deux catégories de moyens de portage :

- ceux réalisés dans une étoffe,
- ceux similaires à des berceaux rigides dans lesquels les bébés sont emmaillotés.

Les installations varient d'une culture à une autre et ce qui est la norme pour un pays ne le sera pas forcément pour un autre. Les connaissances du développement de l'enfant et les durées d'utilisation des outils sont variables suivant les pays, ce qui explique en partie les variations d'installation que l'on peut rencontrer.

D'autre part, les porte-bébés utilisés sont majoritairement des outils qui revêtent une signification particulière au-delà de leur fonction de portage. Ils peuvent être brodés, ornés de perles, d'amulettes ou encore de grelots. Une de leur fonction est de protéger l'enfant et de lui assurer bonheur et longévité.

- **Dans la culture chinoise,** la grand-mère maternelle confectionne elle-même le moyen de portage appelé *meh dai* qu'elle offrira à sa petite-fille à la naissance de son bébé.

- **En Asie du Sud-Est,** le *hmong* est un moyen de portage luxueux que les jeunes femmes apprennent à broder et qui constituera une pièce de leur trousseau.

- **En Afrique de l'Ouest,** au Sénégal, au Nigéria ou au Ghana, les pagnes, rectangles de tissu en wax, servent au portage des bébés sur le dos, mais sont aussi de véritables éléments de mode. Ces vêtements, parfois utilisés comme jupe, robe ou paréo, sont composés de motifs variés à la signification particulière : l'hirondelle symbolise les fiançailles, la fleur d'hibiscus évoque le bonheur souhaité aux futurs époux et le gramophone suggère les impacts que nos actions peuvent avoir sur notre entourage.

- **Au Mexique,** le portage s'effectue grâce à un accessoire utilisé quotidiennement par les femmes mexicaines : un châle traditionnel tissé à la main appelé *rebozo*. Il sert également à réaliser un soin du même nom, un rituel ancestral pour se reconnecter à son corps grâce à des mouvements de serrage du tissu, réalisés autour du corps de la mère qui a donné la vie.

- **En Nouvelle-Guinée,** les bébés sont portés sur le dos dans un *bilum*, un filet fabriqué à la main, maintenu par une lanière accrochée sur le front du porteur. Ce moyen de portage servira par la suite de sac à provisions quand le bébé aura grandi.

À travers le monde, on estime aujourd'hui que deux tiers des bébés sont portés, dans des moyens de portage variés et dépendants des cultures locales.

LE PORTAGE : CHRONOLOGIE D'UNE PRATIQUE

Pendant l'ère préchrétienne, le portage a une fonction de transport. Les nourrissons sont déplacés d'un endroit à un autre et suspendus à un arbre ou à un clou devant les maisons pour éviter de se faire mordre par des rats. Puis, tout au long du Moyen-Âge, le lien entre la mère et l'enfant est recherché : les bébés sont allaités et portés par leurs mères.

- **Au XVIIIe siècle,** la mise en nourrice se répand et le portage commence alors à être moins pratiqué.

- **Au XIXe siècle,** un quart des enfants décèdent durant leur première année de vie. Les recherches de Pasteur mettent en lumière que les parents transmettent à leurs enfants des maladies à cause de la promiscuité. Cette période marque le début de l'hygiénisme. Dans les manuels de puériculture, il est recommandé aux parents de ne plus bercer leurs enfants et de ne plus dormir avec eux. La mortalité infantile diminue peu à peu, mais ce maternage distal éloigne l'enfant de ses parents.

Dans les années 1920, le portage est de plus en plus délaissé au profit du landau qui se démocratise. Seules les classes les plus pauvres continuent de le pratiquer parce que mettre de la distance entre soi et son enfant est un signe de réussite sociale.

- À partir de 1950, le maternage distal est remis en cause par la psychanalyse. Le portage revient en Europe. 20 ans plus tard, Erika Hoffman « réinvente » le portage en Europe. Maman allemande de deux jumelles, elle souhaitait vaquer à ses occupations tout en s'occupant de ses deux bébés. Elle invente la première écharpe de portage telle qu'on l'utilise actuellement en s'inspirant des techniques sud-américaines. Elle crée la marque Didymos, appréciée par de nombreux parents.

Aujourd'hui, le portage a montré ses bienfaits dans de nombreux pays en voie de développement. Au-delà de n'être qu'un moyen de transport, il a été reconnu comme un outil de soin. En 1978, pour remédier à une pénurie de couveuses permettant d'accueillir les bébés de faible poids, le pédiatre colombien Edgar Rey Sanabri propose aux mamans de garder leur bébé contre leur poitrine dénudée, en « peau-à-peau », pour les allaiter et les aider à se développer. Des chercheurs ont prouvé l'efficacité de cette méthode qui a permis de réduire la durée d'hospitalisation de nombreux enfants en favorisant leur croissance. Elle est aujourd'hui adoptée dans plus de trente pays dont le Chili, l'Inde ou le Vietnam.

Depuis 2008, une semaine internationale du portage autour d'un thème précis a lieu une fois dans l'année, ce dans le but de sensibiliser de plus en plus de parents à cette pratique, source de nombreux bienfaits. Le portage est donc loin d'être une mode récente, même si, depuis plusieurs années, il a davantage été remis en avant. Il fait partie intégrante de la nature profonde de l'être humain, qui n'a pas tant changé malgré l'évolution des modes de vie.

POURQUOI PORTER SON ENFANT ?

Le portage est une continuité de la grossesse. In utero, le fœtus évoluait dans un milieu aquatique, était contenu dans une poche amniotique remplie de liquide et était bercé par les battements du cœur de celle qui le portait.

Lors de sa naissance, le nouveau-né devient son propre contenant. Il se retrouve dans un milieu aérien où il perd ses repères, ce qui peut le stresser. Pour accompagner en douceur son arrivée sur Terre, le portage est un allié qui a des bienfaits pour l'enfant comme pour son parent.

Les apports du portage pour le bébé

Les bénéfices pour le tout petit sont très nombreux car ils font office de transition naturelle entre le monde in utero puis ex utero. Ils sont à la fois psychologiques, physiologiques et sensorimoteurs. Je vous propose de les passer en revue. C'est parti !

SÉCURITÉ ET ATTACHEMENT

Le portage apporte **un sentiment de sécurité au bébé.** Quand il est porté, le bébé retrouve les sensations qu'il a vécues pendant neuf mois. Les voix de l'environnement l'apaisent, les battements de cœur le rassurent, la proximité le rend serein, le mouvement le berce et la chaleur le réconforte.

De plus, il renforce le **lien d'attachement entre le bébé et son parent.** Pour se développer harmonieusement, les nourrissons ont besoin de tisser des liens sécurisants avec les adultes qui s'occupent d'eux. C'est ce que le psychiatre et psychanalyste britannique John Bowlby a mis en avant en 1958 lorsqu'il a développé la « **théorie de l'attachement** ». Au cours de ses travaux de recherche, il a démontré qu'en plus des besoins physiologiques, le bébé humain a des besoins affectifs et notamment de sécurité émotionnelle. En s'intéressant aux conséquences de séparations précoces entre certains enfants et parents, il a prouvé que la construction d'un lien d'attachement commence dès la naissance. Les bébés naissent avec une prédisposition à s'attacher qui est essentielle à la survie de l'espèce humaine, et se construit progressivement au fil des mois.

L'attachement favorise la proximité de l'enfant avec une ou plusieurs figures adultes proches de lui qui lui permettent de retrouver un sentiment de sécurité intérieure lorsqu'il ressent du stress, de la fatigue, de la douleur ou de la peur. En s'agrippant à son parent, en le regardant, en lui souriant, en babillant ou en pleurant, le bébé provoque chez son parent une réponse et progressivement l'attachement va se créer grâce à la fréquence et à la qualité des interactions.

Plus le lien d'attachement aux figures d'attachement va être solide, plus l'attachement va être « **sécure** » et plus l'enfant se sentira rassuré et serein pour aller explorer le monde qui l'entoure. Il pourra s'éloigner en sachant qu'il pourra toujours venir se réfugier s'il en ressent le besoin auprès de ses bases de sécurité, les personnes en lesquelles il a toute confiance.

De nombreuses espèces, dont l'espèce humaine, sont régies par le mécanisme de l'attachement, incluant l'établissement d'un lien privilégié entre la mère (la plupart du temps) et ses petits. Ce lien assure leur protection et permet leur développement. Chez les espèces nidifuges où les petits sont vulnérables à la naissance, l'attachement avec la mère et avec les autres bébés de la fratrie retient les bébés dans le nid en attendant que leur mère revienne les nourrir. Chez les espèces nidicoles, qui sont souvent des proies pour les prédateurs, l'attachement à la mère est gage de survie. Le bébé est protégé par sa mère qui le suivra et l'alertera en cas de danger. Chez les êtres humains, lorsque le bébé est porté, le parent peut réagir rapidement à ses signaux et le réconforter. Une caresse de la main, un regard ou un bercement peuvent suffire à le calmer et à lui faire retrouver un état émotionnel serein. Ces gestes participent à la création du lien d'attachement.

Favoriser la proximité avec son enfant lors de sa première année de vie participe donc à créer chez lui un sentiment de sécurité affective qui va l'aider à se développer pour ensuite devenir de plus en plus autonome et prendre son envol.

Ainsi, porter son bébé, c'est l'aider à s'attacher, pour ensuite mieux se détacher en douceur.

BON À SAVOIR

De la naissance à 3 mois, le bébé envoie des signaux à son entourage pour provoquer des réactions. À ce stade, toutes les personnes de son environnement ont le même statut, c'est le **pré-attachement**.

Puis, entre 3 et 6 mois, le bébé va progressivement se rendre compte que deux ou trois personnes répondent plus souvent et plus rapidement à ses signaux avec un réel engagement émotionnel. La répétition d'une réponse adéquate à ses besoins va tisser un lien fort avec ces personnes identifiées. C'est **l'émergence de l'attachement**.

Enfin, entre 6 et 12 mois, les adultes de l'entourage de l'enfant ne sont plus égaux. Les plus investis deviennent les « **figures d'attachement** ». Ce sont les personnes les plus importantes pour le bébé, celles auprès desquelles il pourra se tourner lorsqu'il aura besoin de sécurité ou de réconfort. Généralement, le bébé a une **figure d'attachement principale**, la personne qui prend soin de lui en priorité en lui apportant des réponses adaptées (souvent la maman, mais pas automatiquement) et des **figures d'attachement secondaires** (l'autre parent, l'assistante maternelle etc.). Chaque lien d'attachement est unique et complémentaire aux autres.

Vers 18 mois, le bébé peut se mettre à pleurer lorsque l'une de ses figures d'attachement n'est plus dans son champ de vision. À cet âge, il prend conscience qu'il est un individu à part entière et, quand il ne voit plus une figure rassurante, il n'arrive pas à se représenter où elle est et ne sait pas si elle va revenir. C'est une angoisse de séparation qui fait partie du développement de l'enfant et qui va progressivement disparaître, mais qui peut aussi revenir lors d'événements chamboulant son quotidien (déménagement, arrivée d'un nouveau-né dans la fratrie, changement de mode de garde, etc.).

RYTHME ET SOMMEIL

Le portage facilite le sommeil du bébé qui est un besoin fondamental. Lorsqu'il dort, ses capacités cérébrales se développent grâce à l'intégration des apprentissages réalisés pendant le temps d'éveil. Lors de ses premiers mois de vie, il est donc particulièrement important d'offrir à son bébé des conditions favorables à un sommeil de qualité, indispensable à la maturation de son cerveau. Certains bébés enchaineront plusieurs cycles de sommeil dans leur lit, tandis que d'autres auront besoin de davantage d'accompagnement de la part de l'adulte. Le portage se présente comme une aide précieuse pour répondre au besoin fondamental de repos de son enfant, sans donner l'impression au parent de passer sa journée à aider son enfant à s'endormir dans ses bras en ne pouvant rien faire d'autre.

Lorsque le bébé est installé de façon physiologique face à son porteur, son endormissement est facilité. Enveloppé contre la personne qui le porte et bercé par ses mouvements, il se sent en sécurité au contact d'une odeur qui lui est familière et peut alors se laisser aller au sommeil. Il a souvent tendance à faire des siestes plus longues que lorsqu'il est seul allongé dans une chambre car les bruits qu'il entend lui offrent une contenance sonore favorable à l'enchainement de plusieurs cycles de sommeil. Porter son bébé lors des siestes en journée à la lumière du jour et dans le bruit peut également l'aider à appréhender la différence entre le jour et la nuit en facilitant la mise en place de son rythme circadien. Ce rythme correspond à l'horloge interne, d'une durée d'environ 24 heures, qui aide à aller vers un état de veille ou de sommeil suivant le moment de la journée.

Dans le ventre de leur mère, les fœtus dorment la majorité du temps. Leur position de sommeil est la position fœtale, les bébés étant regroupés dans un espace clos. À leur naissance et jusqu'à six mois environ, ils s'endorment en sommeil agité. Ils peuvent bouger ou émettre des petits bruits, parfois interprétés par les parents comme une non-envie de dormir alors qu'il s'agit, au contraire, de signaux d'endormissement indiquant que leur corps se détend pour se laisser aller au sommeil. Quand le bébé est contenu dans un moyen de portage, l'agitation liée à l'endormissement est limitée et la contenance procurée peut aider au lâcher prise en réduisant son rythme cardiaque. En état d'éveil, il peut découvrir son environnement, mais, quand il est fatigué des stimulations extérieures, il a la possibilité de se replier contre la personne qui le porte en se blottissant contre elle.

BON À SAVOIR

Lorsque vous bercez votre bébé, faites des mouvements dans toutes les directions (de haut en bas et de droite à gauche) parce que l'oreille interne du bébé est conçue pour fonctionner à 360 degrés. Vous pouvez marcher à un rythme soutenu, cela va émettre des vibrations osseuses dans le corps de votre enfant : l'alternance pas lourd/pas lent a montré son efficacité !

Vous pouvez également chuchoter des sons assez forts en plus de ces déplacements, cela offre une contenance sonore au tout-petit.

Le portage est aussi un moyen d'aider le bébé à réguler sa température corporelle. Le nourrisson dépense beaucoup d'énergie lorsqu'il doit se réchauffer par lui-même, car il est très sensible aux changements de température. Le portage permet de limiter cette perte d'énergie, facilitant une meilleure prise de poids lors des premières semaines.

En effet, en portage, il y a un passage de l'air entre le porteur et le porté et la proximité des corps facilite la régulation de la température du bébé. Par temps froid, la chaleur du corps du porteur se transmet au bébé et, par temps chaud, les risques de déshydratation sont moindres.

Mon fils n'a pas profité du paysage, mais a pu assouvir son besoin de repos !

PLEURS ET DOULEURS

Les bébés pleurent pour différentes raisons qu'il n'est pas toujours évident de déceler. Certaines causes telles que la faim, la soif ou le sommeil peuvent être facilement détectées, mais parfois les parents peuvent se sentir démunis face aux pleurs de leur bébé.

Le portage facilite la digestion du bébé et diminue les pleurs de douleurs qui y sont liés. Grâce au repli des jambes du bébé sur son bas ventre et aux mouvements du porteur, sa digestion est facilitée, réduisant les coliques et augmentant son bien-être. En effet, dans cette position, son abdomen est massé par la position ventre contre ventre et la chaleur du corps du porteur atténue les possibles douleurs liées aux coliques.

La position verticale de portage limite les reflux auxquels les tout-petits sont parfois confrontés à cause de l'immaturité de leur système digestif. En effet, le cardia, muscle qui empêche la remontée des aliments (le lait pour le bébé) de l'estomac vers l'œsophage, n'est pas encore mature, et la position allongée pendant la digestion favorise les régurgitations. Ce n'est donc pas la position à privilégier après un biberon lorsque le bébé a tendance à refluer.

Le portage peut aussi être un bon allié lors des poussées dentaires douloureuses. En effet, contrairement à la position allongée qui accentue ces douleurs en provoquant un afflux de sang vers les gencives, la position verticale peut soulager l'enfant.

Le portage peut également permettre d'anticiper certains pleurs, notamment les « pleurs du soir ». Ces pleurs de décharge apparaissent généralement en soirée, vers 18 heures, au cours du premier mois de vie du nourrisson. Ils lui permettent de décharger la tension accumulée au fil de la journée. Installer son bébé en portage avant que ces pleurs ne surviennent peut permettre d'apaiser préventivement son bébé, même si ce n'est pas une solution miracle !

Témoignage de Louis

« Le porte-bébé a sauvé nos soirées. Lorsque les pleurs du soir ont commencé, notre bébé était inconsolable. Avec ma compagne, on se sentait complètement impuissants et désemparés. On le berçait pendant des heures en marchant dans le salon. Un soir, des amis jeunes parents nous ont parlé du portage et nous ont prêté leur porte-bébé. Cela nous a permis d'apaiser notre bébé plus rapidement et, petit à petit, les crises de larmes ont diminué. »

BON À SAVOIR

Chaque année en France, plus de 400 bébés seraient victimes de secouements. Cet acte consiste à saisir le bébé par le thorax sous ses aisselles et à le secouer violemment. Le cerveau en plein développement du bébé vient alors heurter les parois de la boîte crânienne, ce qui peut causer des lésions irréversibles et avoir des conséquences dramatiques. Durant leurs premiers mois de vie, certains bébés pleurent énormément et ces pleurs incessants ou prolongés peuvent exaspérer les parents malgré tout l'amour qu'ils portent à leur bébé.

Si vous vous sentez dépassés face aux pleurs de votre bébé, parlez-en à votre entourage, partagez vos doutes et demandez de l'aide. Si vous êtes seul(e)s, couchez votre bébé à plat dos dans son lit pour le laisser en sécurité quelques minutes et quittez la pièce afin de gérer vos propres émotions, de respirer et de vous calmer. Ce temps de reconnexion à vous-même vous aidera à revenir vous en occuper de façon plus apaisée ou vous laissera le temps de passer le relai à un proche ou à un voisin.

Ressources utiles :

Allô Parents Bébé : numéro d'aide et d'écoute : 0 800 00 34 56

Association Stop Bébé Secoué : information et prévention du syndrome du bébé secoué (https://stopbebesecoue.fr/ instagram : stop_bebe_secoue)

S'ÉVEILLER ET INTERAGIR AVEC LE MONDE

Le portage a une **influence positive sur le développement du cerveau**. À la naissance, chaque bébé possède environ cent milliards de cellules nerveuses appelées neurones dont moins de la moitié sont reliées les unes aux autres. Ces neurones vont se connecter petit à petit au fur et à mesure des découvertes de l'enfant et des informations transmises à son cerveau en s'envoyant des messages chimiques. L'environnement et les expériences quotidiennes ont un rôle à jouer dans le développement du cerveau du bébé. Chaque contact avec son enfant, chaque interaction visuelle ou sonore est un stimulus qui active ses différents sens. Le portage, par la proximité des corps, facilite les stimuli tactiles, visuels et auditifs et favorise donc l'établissement de multiples connexions neuronales chez le bébé.

Le portage développe le sens de l'équilibre. Quand le bébé est porté, les déplacements du porteur contribuent au **développement du système vestibulaire du bébé**, sens indispensable au développement des compétences motrices du bébé. En devant sans cesse adapter son tonus musculaire aux mouvements plus ou moins rapides et aux changements de position de celui qui le porte, le bébé est dans une recherche d'équilibre et participe activement à son portage. Ces expériences sensorimotrices faciliteront l'apprentissage de la marche.

Le portage stimule le **développement psychomoteur**. Lorsque le bébé est porté de manière physiologique, il est actif même lorsqu'il dort. En effet, puisqu'il doit ajuster sa position à celle du porteur, les muscles de son cou et de son dos sont sans cesse sollicités. Le portage accompagne également le **développement de la colonne vertébrale du bébé** qui va se redresser tout au long de sa première année de vie en même temps que son dos va se muscler.

BON À SAVOIR

Le portage est un allié de la motricité libre, concept développé par Emmi Pikler dans les années 1960. Ses travaux prouvent qu'en laissant un enfant explorer librement avec son corps un environnement adapté en présence d'un adulte encourageant et accompagnant, il peut apprendre à se retourner, à ramper, à marcher à quatre pattes, à se tenir debout et à marcher. L'adulte peut néanmoins l'aider à explorer les différents côtés de son corps s'il présente des blocages. Quand le bébé est porté, son corps est en interaction avec celui du porteur, il n'est pas passif. Il apprend à ajuster sa posture aux mouvements du porteur et a une certaine mobilité, ses jambes et ses bras ne sont pas maintenus immobiles. Portage et motricité sont donc complémentaires en permettant à l'enfant des expériences motrices variées, nécessaires à un développement moteur harmonieux.

Le portage diminue les risques de **plagiocéphalie**. Des recherches récentes s'accordent à dire que le portage participe à limiter les risques de plagiocéphalie positionnelle, encore appelée « syndrome de la tête plate », qui peuvent avoir des conséquences sur le développement moteur ou neurologique et nécessiter des prises en charges spécifiques. Les recommandations de la Haute Autorité de Santé sont actuellement de coucher les bébés à plat sur le dos afin de prévenir la mort inattendue du nourrisson. Cette règle de sécurité est importante à respecter, mais il ne faut pas oublier de varier les positions tout au long de la journée pour éviter que sa tête ne repose exclusivement sur l'arrière ou sur un côté de son crâne. En étant porté à bras ou avec un moyen de portage, le bébé va avoir sa tête libre de tout mouvement et non appuyée sur une surface plane. Elle va donc subir moins de pressions qui pourraient être responsables d'un aplatissement de sa tête.

BON À SAVOIR

Si vous constatez que votre bébé a toujours la tête tournée du même côté, n'hésitez pas à en parler à son médecin.

Le portage permet au bébé de **participer à la vie quotidienne et de découvrir le monde** qui l'entoure dans une vision panoramique. Son champ de vision étant large, sa curiosité est éveillée. Lorsque le bébé semble intéressé par un élément du paysage, le porteur peut s'arrêter pour le laisser regarder ou toucher. De plus, les bébés, comme les adultes, possèdent des neurones miroirs. Ces cellules sont actives dès la naissance et réagissent quand on réalise une action, mais également quand on est spectateur d'une action réalisée par quelqu'un d'autre. Les bébés apprennent donc en étant actifs, mais aussi en ob-

Porté sur mon dos, mon bébé peut contempler ce magnifique paysage de montagnes.

servant les expérimentations des gens qui les entourent puisque cela entraîne l'activation des mêmes zones cérébrales. Le portage à hauteur d'homme facilite alors l'intégration de l'enfant dans les actes du quotidien, ce qui lui permet de les apprivoiser progressivement grâce à ses neurones miroirs.

À hauteur des adultes, **le bébé porté est plongé dans un bain de langue**. Il entend les conversations, perçoit les mouvements de bouche et les expressions du visage. Le porteur peut lui parler en ayant un contact visuel avec lui, peut décrire ce qu'il voit ou encore peut pointer du doigt des objets. Les interactions langagières sont plus nombreuses que lorsque le bébé est transporté en poussette car la proximité des visages les facilite. En écoutant et en observant, il se familiarise avec les sons qu'il perçoit et, petit à petit, peut commencer à associer des mots à des objets ou à des personnes. Plus le bébé entend de mots différents, plus il peut en comprendre et plus il pourra en produire.

Nul doute que mon fils devait pointer du doigt un engin de chantier !

AU FIL DU TEMPS

Quand le bébé grandit et devient un bambin qui se met à marcher, le portage peut continuer à avoir de nombreux bienfaits pendant encore plusieurs années.

- **Lors de longues promenades,** il peut permettre à l'enfant fatigué de reprendre des forces.

- La contenance qu'il offre peut aider à **calmer un gros chagrin** en remplissant le réservoir affectif de son enfant.

- En déplacement, certains enfants s'abandonnent au sommeil contre leurs parents le temps de **la sieste**.

- Dans le quotidien, il offre **des moments de complicité** : les enfants adorent imaginer être des cavaliers chevauchant leurs montures !

- Lorsque l'enfant est malade, le portage peut **aider à soulager les symptômes dont il souffre**. En cas de rhume, la position verticale de portage permet un meilleur écoulement des mucosités et facilite la respiration de l'enfant. La proximité avec le corps du parent peut également aider à diminuer la fièvre de l'enfant. Cependant, le portage ne se substitue pas non plus à un traitement médical quand celui-ci s'avère nécessaire.

Yeux dans les yeux, corps contre corps, la complicité que le portage apporte à notre duo me remplit de joie.

Quand le porté devient porteur

Quand l'enfant porté grandit, lui offrir un porte-poupon peut être intéressant. Ce jouet d'imitation permet à l'enfant d'installer son poupon ou encore son doudou en portage contre lui. Dès le plus jeune âge, les bébés développent des comportements de mimétisme en imitant de manière spontanée les adultes qui les entourent : taper des mains pour dire bravo ou faire un signe de la main pour dire bonjour. Puis, vers 18-24 mois, les jeux d'imitation leur permettent de mieux appréhender le monde qui les entoure.

Les enfants aiment reproduire les scènes de leur quotidien et les jeux d'imitation participent à leur développement. Plus les jeux proposés sont réalistes, plus ils ont de chance d'être investis, même si chaque enfant aura ses préférences. Les enfants développent leur imaginaire en inventant des scènes inspirées de leur quotidien. Ainsi, les jeux d'imitation leur offrent un environnement propice à leur créativité. Utiliser des jeux d'imitation, permet également d'aider l'enfant à construire sa propre personnalité, à développer son langage et à maîtriser ses émotions en reproduisant, dans le jeu, des situations qu'il peut vivre dans le monde réel.

Si vous pratiquez le portage, le porte-poupon peut être un jeu intéressant pour votre enfant en lui donnant la possibilité de vous imiter en train de le porter ou de porter son frère ou sa sœur. Privilégiez un porte-poupon semblable au moyen de portage que vous utilisez pour que le jeu d'imitation soit le plus proche possible de la réalité. Il existe aujourd'hui des porte-poupons physiologiques appartenant à différentes familles de moyens de portage, vendus entre 20 et 35 € : des porte-bébés à clips de marques Buzzidil ou Lennylamb et des slings et écharpes de marque Little Frog.

Mon fils porté dans un mbotou, moyen de portage d'origine sénégalaise.

Mon fils portant son poupon dans un mini-mbotou.

Je n'ai même pas besoin de tenir mon fils, ses mains et ses jambes sont habituées à s'agripper à mon dos.

Les apports du portage pour le parent

UNE LIBERTÉ D'ACTION DANS LE QUOTIDIEN

Le portage peut **limiter les douleurs de dos**. Quand on devient parent, on va être amené à tenir son bébé dans les bras. En utilisant un moyen de portage adapté, le poids du bébé va être réparti sur le corps du porteur ce qui va soulager ses bras, son dos et son périnée. Le portage limite donc les douleurs liées aux compensations de posture qui peuvent s'installer lors d'un portage à bras prolongé. En effet, l'accumulation de petits déséquilibres de posture mais répétés tous les jours peuvent générer des tensions musculaires douloureuses. Notez également que plus votre enfant est porté de façon physiologique, plus il s'agrippe au porteur et moins il paraît lourd, ce qui n'est pas négligeable lorsqu'il grandit.

Utiliser un moyen de portage permet de pouvoir continuer à vaquer à ses occupations tout en répondant au besoin de proximité de son enfant. Grâce au moyen de portage qui soutient l'enfant, le parent n'a plus besoin de le tenir et peut récupérer l'usage de ses bras pour faire ce qu'il a à faire.

Porter son bébé, c'est aussi retrouver la liberté de se déplacer partout, sans se préoccuper de savoir si le terrain est propice au passage de la poussette. Que les trottoirs soient étroits ou que le terrain soit accidenté, le parent peut facilement passer et n'a pas besoin d'anticiper son itinéraire. Les moyens de portage sont beaucoup moins encombrants que les poussettes et sont un vrai gain de place dans le coffre des voitures. Ils pèsent également beaucoup moins lourds, ce qui n'est pas négligeable si vous devez monter ou descendre des escaliers.

Pour patienter pendant la préparation du repas, rien de tel qu'un petit tour dans mon dos.

Le portage favorise également **l'intégration dans la famille**. Quand le bébé est porté, le parent peut se rendre plus facilement disponible pour s'occuper de ses aînés et pouvoir faire différentes activités avec eux. Lors des déplacements à pied, il a les mains libres pour leur donner la main, ce qui peut être sécuritaire en ville. C'est un outil qui permet d'aider à retrouver un nouvel équilibre familial, en ne plaçant pas le bébé au centre du quotidien, mais en l'y intégrant.

Sans le portage, je ne sais pas comment j'aurais fait pour prendre le train seule avec la valise et mes deux enfants afin de partir en vacances.

Nos sourires témoignent de la joie partagée de patauger dans l'eau ensemble

UNE PLUS GRANDE SÉRÉNITÉ DANS SON RÔLE DE PARENT

Le portage aide à la **diminution des risques de dépression du post-partum**. Devenir parent est un chamboulement qui peut entraîner des moments de doute, de déprime et parfois de regret. Certains parents ont besoin de plus de temps que d'autres pour investir ce nouveau rôle et trouver un équilibre.

Quelques jours après la naissance, à la suite du bouleversement émotionnel lié à l'arrivée de son bébé, il est courant de se sentir irritable, angoissé(e), dépassé(e) par les événements ou encore de ressentir une grande fatigue. Cet état de chamboulement passager plus ou moins intense appelé « **baby-blues** » se manifeste chez 50 à 80 % des femmes qui mettent au monde leur bébé. C'est un état transitoire qui commence souvent le troisième jour post-accouchement et qui dure au maximum deux semaines. Il disparaît sans traitement particulier, mais il est important d'en parler aux sage-femmes ou à ses proches, afin de pouvoir confier ses craintes et son trop-plein d'émotions.

Si le baby-blues s'installe dans le temps ou s'intensifie, il peut se transformer en dépression du post-partum, aussi appelée dépression postnatale. Celle-ci peut également apparaître dans l'année qui suit l'accouchement. Il s'agit d'une perturbation de la régulation de l'humeur qui peut toucher la personne qui vient d'accoucher ou le coparent.

Témoignage de Meïli

« J'ai trois enfants et j'habite à Paris. À la naissance de mon troisième, j'ai dû emprunter les escaliers du métro parisien avec la poussette et mes deux ainés. C'était un cauchemar, de ceux qui dissuadent de sortir. Porter mon bébé, c'est ce qui m'a permis de continuer à me déplacer facilement avec ma petite tribu. »

Quelques signes peuvent alerter :

- **perte d'appétit ;**
- **perte de plaisir ;**
- **sensations de décalage entre ce que l'on avait projeté et ce que l'on ressent pour son bébé ;**
- **manque d'énergie ;**
- **troubles du sommeil ;**
- **pensées négatives ;**
- **tristesse profonde ;**
- **sentiment de solitude.**

Si vous présentez certains de ces symptômes, parlez-en à un(e) professionnel(le) de santé dans les plus brefs délais car plus la dépression du post-partum est prise en charge tôt, plus son traitement est efficace. Ne restez pas seul(e), vous n'êtes pas responsable de ce que vous êtes en train de vivre et ne devez pas en avoir honte. Des solutions existent pour surmonter cette épreuve.

Quelques ressources utiles

Association Maman Blues :
soutien, écoute, conseil et orientation des parents (https://www.maman-blues.fr/ ; instagram : association.maman.blues)

Association SuperMamans France :
réseau de soutien aux jeunes mamans (https://www.supermamansfrance.fr ; instagram : supermamansfrance)

Allô Parent-Bébé :
Numéro anonyme et gratuit d'aide et de soutien à la parentalité (0 800 00 34 56)

Le portage peut vraiment **aider le parent à prendre confiance en lui et en sa compétence pour comprendre son enfant**. L'arrivée d'un bébé est un véritable tsunami dans la vie des parents qui doivent subvenir aux besoins d'un être totalement dépendant d'eux. Quand un parent porte son enfant, il communique avec lui par le regard, par le toucher ou encore par la parole, ce qui renforce la découverte mutuelle de l'un et de l'autre. Porter son enfant aide également à le comprendre grâce au dialogue tonico-émotionnel qui se met en place avec lui. Ce dialogue est le reflet des états émotionnels du porteur et du porté transmis par le corps. Si l'enfant bouge ou se raidit, le porteur va le ressentir et peut ajuster sa posture pour rendre le portage plus confortable pour l'enfant. Réciproquement, si le porteur est stressé, l'enfant va le percevoir et peut stresser à son tour. Grâce à ce dialogue tonique et à la proximité avec le corps du bébé porté, le porteur a donc des indications sur ses besoins et peut souvent réagir, bien avant que le bébé ne se mette à pleurer. En apprenant à décoder les signaux corporels de son bébé, le parent peut ainsi prendre confiance en ses capacités à s'occuper de lui et à répondre de façon appropriée.

Témoignage d'Ilan

« J'ai commencé à porter mon fils dès sa naissance et cela m'a permis de trouver ma place dans notre nouvelle dynamique à trois. Je me suis senti très impliqué grâce au portage et ça a toujours été un plaisir de porter mon enfant. Aujourd'hui, mon fils a 2 ans et j'utilise encore un porte-bébé lorsque nous faisons de longues promenades et qu'il est fatigué de marcher. Le conseil que je peux donner concernant le portage, c'est de se laisser tenter. Une fois que l'on essaie et que notre enfant s'endort sur nous, apaisé par notre présence, nos battements cardiaques et notre odeur, on devient accro ! »

Le portage peut offrir un temps de répit en se sentant en confiance car il n'est pas exclusivement réservé aux parents. Il peut être un outil favorisant la création d'un lien entre l'enfant et les adultes qui s'occupent de lui (grands-parents, oncles, tantes…). Cela peut alors soulager le parent qui a besoin de temps pour répondre à ses propres besoins tout en sachant son bébé apaisé lors du temps de garde. En post-partum, pouvoir prendre un peu de temps pour soi est précieux et important, pour faire une sieste réparatrice ou sortir prendre l'air seul(e).

Pendant la période du post-partum, mon fils sieste contre sa mamie qui plie mon linge pendant que je me repose.

DES AVANTAGES PRATIQUES

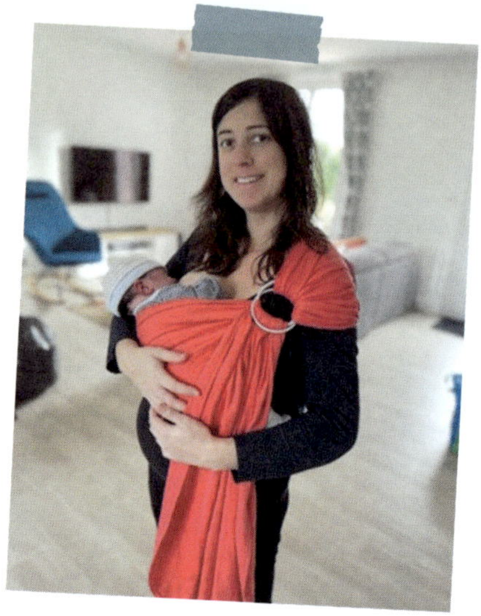

Le portage **facilite la mise en place de l'allaitement** en permettant un contact prolongé entre le corps de la mère et celui de son bébé. Cette proximité aide la mère à identifier les moments propices pour proposer le sein à son bébé. Elle réagit ainsi à ses signaux d'éveil, ce qui permet des tétées plus efficaces car elles peuvent alors avoir lieu avant que le bébé n'ait trop faim et ne s'agite. Avec son bébé contre elle, de l'ocytocine est produite, hormone qui participe à l'éjection du lait maternel. Pour une bonne mise en place de la lactation, il est indispensable de faire téter son bébé très fréquemment les premières semaines et, quand il est porté, il est d'autant plus facile d'assurer cet allaitement tout au long de la journée dès les premiers signes d'éveil. Le portage aide également à intégrer l'allaitement dans son quotidien avec d'autres configurations que la seule position assise pour nourrir son bébé au sein. Si vous faites des courses ou que vous vous promenez et que votre bébé a faim, vous n'avez pas à vous inquiéter de trouver un endroit pour vous asseoir.

Le portage permet de **réaliser des économies**. Pour transporter son bébé, il est possible d'utiliser un moyen de portage ou une poussette. Les poussettes adaptées dès la naissance coûtent plusieurs centaines d'euros et représentent souvent un lourd investissement à l'arrivée du bébé. Un moyen de portage coûte beaucoup moins cher et même si l'on veut en acheter plusieurs pour répondre à différents besoins d'utilisation, cela reste un coût moins élevé. Le marché de l'occasion est également très fourni et permet de s'équiper avec un petit budget.

Le portage a donc de nombreuses incidences positives et permet au duo porteur/porté d'avancer dans la même direction, sur deux chemins qui s'imbriquent, se croisent et s'entrelacent : celui de la parentalité et celui du petit être en construction.

2

Les bases du portage physiologique

QU'EST-CE QUE LE PORTAGE PHYSIOLOGIQUE ?

Tout au long de la grossesse, le bébé grandit en étant enroulé. Dans le ventre de sa mère, il est en position fœtale, replié sur lui-même et cette position lui est confortable. Lorsqu'il naît, il a donc besoin que cet enroulement soit préservé au maximum lorsqu'il est manipulé. Cela lui rappelle sa position in utero et cela lui apporte apaisement, détente et bien-être. L'arrivée dans le milieu aérien est source de nombreux changements pour le bébé. Il n'y a plus de paroi utérine qui lui apporte des sensations de limite corporelle et il est soumis à la gravité qui ne l'aide pas à se regrouper.

Un portage physiologique est donc un portage qui va permettre de respecter le développement anatomique de votre tout-petit. Il va soutenir la posture naturelle du bébé en tenant compte du développement de sa colonne vertébrale, de son tonus, ou encore de son ouverture de bassin. Chaque enfant aura donc sa propre position idéale.

La posture naturelle de l'enfant évolue avec le temps et on peut l'observer lorsqu'il est porté dans les bras avec son bassin suffisamment soutenu. Quand il naît, son corps est en cyphose totale, c'est à dire en forme de C. En effet, dans l'utérus de sa mère, le fœtus dispose de peu de place et est donc contenu dans son enroulement. Jour après jour, sa colonne vertébrale se redresse et, parallèlement, son dos se muscle. Le redressement de la colonne vertébrale se fait du haut vers le bas durant la première année de vie et a lieu en trois étapes :

1. Les sept vertèbres cervicales formant la structure du cou se redressent puis permettent à l'enfant de tenir sa tête et de la faire pivoter.

2. Les muscles du dos se développent et les douze vertèbres dorsales s'étirent, amenant l'enfant vers la position assise.

3. Les cinq vertèbres lombaires situées en bas du dos se redressent et l'enfant va acquérir la marche.

BON À SAVOIR

Tant que le bébé ne sait pas s'asseoir seul, il est préférable de ne pas l'asseoir en le calant avec des coussins. En effet, cela risque de l'empêcher de bouger librement et donc de diminuer ses mouvements. Il n'a pas encore la musculature suffisante pour rester stable en étant assis et sa colonne vertébrale va subir beaucoup de pression. De plus, comme il n'a pas appris comment se mettre seul en position assise, il ne sait pas non plus comment sortir de cette position. Si cela est trop souvent répété, il peut mettre en place des compensations pour se maintenir assis et des tensions peuvent apparaître dans son corps, car ses muscles vont fortement se contracter pour éviter la chute. Au moment du repas, l'enfant est installé en position assise dans sa chaise haute pour manger, mais lorsqu'il joue au sol, le poser sur le ventre ou sur le dos permet une meilleure exploration de l'espace. Faites confiance à votre enfant ! Lorsqu'il sera prêt, la position assise viendra naturellement et votre bébé sera capable de s'asseoir en autonomie. À titre informatif, cette acquisition se fait généralement entre 6 et 9 mois, mais cela ne reste qu'une indication, car chaque bébé se développe à son rythme.

Ce n'est pas au bébé de s'adapter au moyen de portage, mais bien au moyen de portage de s'adapter à lui. Par conséquent, on doit positionner et ajuster le moyen de portage autour de l'enfant.

La colonne vertébrale du nouveau-né est naturellement arrondie. Dans cette position, son bassin est basculé, ce qui favorise le bon développement de l'articulation de la hanche. La tête du fémur s'emboîte alors dans le cotyle et permet à l'articulation d'être mobile.

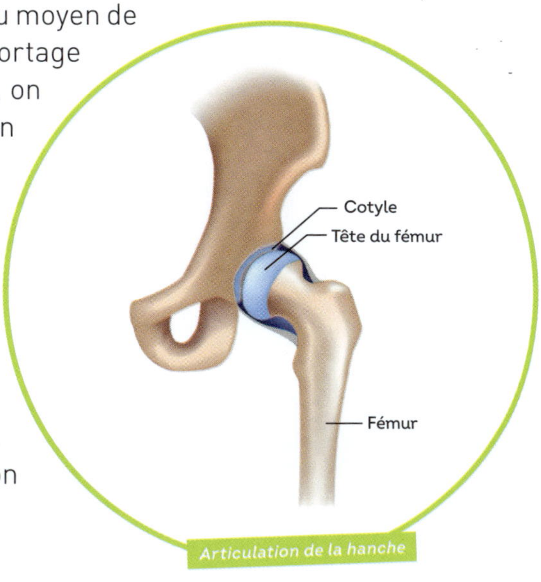

Articulation de la hanche

Une installation en portage réalisée de façon physiologique va alors permettre à l'articulation de la hanche d'avoir l'angle idéal pour qu'elle continue à se développer harmonieusement.

Pour porter son bébé de façon physiologique, certains moyens de portage sont plus adaptés que d'autres. Comment s'y retrouver face à l'offre proposée ? Deux critères principaux sont à garder en tête.

Le soutien de la base du bébé

La base du bébé est la zone allant du bas de son dos au creux de ses genoux, englobant ses fesses et ses cuisses. Le moyen de portage utilisé doit donc pouvoir aller se positionner d'un creux du genou à l'autre. Le bassin de l'enfant peut alors être basculé dans le moyen de portage et ses genoux peuvent se placer plus hauts que ses fesses.

Le soutien du dos

Le moyen de portage doit pouvoir aller jusqu'à la nuque du bébé afin de soutenir toute sa colonne vertébrale et la préserver de possibles tensions musculaires. Lors de sa première année de vie, ses vertèbres sont encore fragiles et les disques intervertébraux ne jouent que partiellement leur rôle d'amortisseur des compressions que pourrait subir la colonne vertébrale.

Installation en position physiologique en écharpe : le tissu va d'un creux du genou à l'autre et tout le dos de mon bébé est maintenu

Un moyen de portage utilisé de façon physiologique va être positionné au plus près du corps de l'enfant, d'un creux du genou à l'autre et jusqu'à la nuque.

En effet, comme le cartilage composant les disques intervertébraux est en formation, il n'absorbe que partiellement les chocs. Afin d'éviter d'éventuels tassements et que le poids du bébé ne repose sur ses fesses, un bon maintien du dos est donc recommandé.

Soutenir la base de son bébé et son dos quand vous le portez sont donc les deux éléments majeurs qui vont permettre d'assurer à votre bébé de bons appuis et de le maintenir dans son enroulement.

BON À SAVOIR

Quelle que soit la hauteur de portage qui vous convienne, vous pourrez embrasser votre bébé !

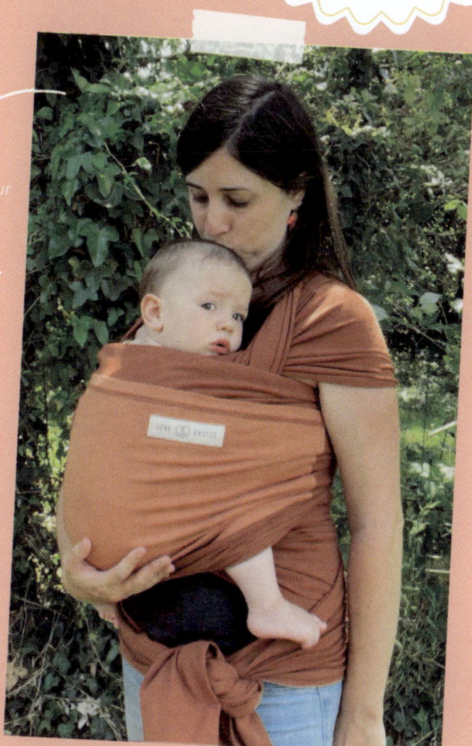

On entend parfois l'expression « porter à hauteur de bisou », ce qui signifie que le bébé doit être assez haut pour que vous puissiez embrasser le dessus de sa tête. Cependant, plutôt qu'une hauteur définie, il faut trouver une position sur votre buste où vous pouvez vous emboîter avec votre bébé, comme deux pièces d'un puzzle. Suivant votre morphologie, le portage sera donc plus ou moins haut et plus ou moins décentré. Souvent, les hommes portent d'ailleurs un peu plus haut que les femmes en raison du positionnement de leurs pectoraux.

ZOOM SUR LE PORTAGE PHYSIOLOGIQUE EN PRATIQUE

- Le positionnement idéal des mains du bébé est proche de son visage. S'il a les bras le long de sa colonne vertébrale, leur poids va tirer sur son dos et l'entraîner vers l'arrière à cause de la gravité terrestre. Avoir ses mains près de sa bouche va aussi permettre au nouveau-né de pouvoir les téter et donc de s'auto-apaiser.

- Les pieds du bébé doivent être positionnés à l'extérieur du moyen de portage. En effet, quand le nouveau-né sent un appui sous la plante de son pied, il va avoir tendance à aller vers cet appui, à pousser et à se redresser, ce qui risque de le désinstaller. Il est donc important que ses pieds soient hors du moyen de portage afin que le bébé reste dans son enroulement. De plus, si le bébé est assis sur ses pieds, comme son dos et son bassin ne sont pas correctement maintenus, il peut également se tasser dans le moyen de portage, rendant l'installation moins confortable et moins sécuritaire.

- La tête du bébé doit être positionnée dans l'axe de la colonne vertébrale et dégagée de toute pression pour pouvoir bouger librement. Il est donc fortement déconseillé de bloquer la tête du bébé avec un pan d'écharpe parce que si l'installation est approximative et que son dos est moyennement soutenu, il risque de s'effondrer dans l'écharpe. Votre bébé peut alors avoir du mal à respirer. Quand le bébé est installé de façon physiologique, c'est son bassin et donc sa position qui va tenir sa tête. En effet, ses vertèbres vont s'emboîter les unes dans les autres, ses cervicales vont venir se bloquer sur ses vertèbres, permettant ainsi que sa tête ne parte pas vers l'arrière. Il est d'ailleurs souvent contreproductif de mettre un boudin de tissu derrière sa tête, sauf dans certains cas particuliers comme un bébé souffrant d'hypo-

Portage à bras illustrant comment tenir son bébé pour déterminer son écart naturel de bassin

tonie car, sentant un appui, le tout-petit peut chercher à aller vers cet appui, tendre les jambes et s'éloigner de la position recherchée.

- L'écart naturel du bassin du bébé est à respecter. Cet écart correspond à l'ouverture entre ses jambes lorsqu'il est porté à bras en position physiologique, les genoux plus hauts que les fesses et le bassin basculé. Chaque bébé naît avec un écart de hanches qui lui est propre. Certains enfants naissent complètement groupés avec un faible écart tandis que, chez d'autres enfants, ce sera plus espacé. L'essentiel est de respecter la position que prend son bébé à bras, sans chercher à resserrer ni à écarter ses jambes.

- Les habits du bébé doivent être souples et confortables afin de faciliter l'enroulement du bébé. Il faut également garder à l'esprit que ses vêtements vont remonter légèrement du fait de sa position. Si l'enfant porte un pyjama à pieds, soyez vigilants sur la taille utilisée : souvent, l'idéal est de prendre une taille au-dessus afin d'éviter de comprimer ses orteils. Le porteur doit veiller à ce que ses vêtements ne comportent pas d'accessoires pouvant blesser le bébé (fermeture éclair, tee-shirt à strass). Les bijoux, suivant leur taille, peuvent également être source de blessures pour le bébé comme pour le porteur.

Portage face

Portage profil

LE PORTAGE PHYSIOLOGIQUE POUR PRÉSERVER LE CORPS DU PORTEUR

- Un portage physiologique est respectueux de la physiologie du porteur. Quand vous portez votre bébé, cela va augmenter les pressions au niveau de votre propre corps. Plus elles seront réparties sur les vertèbres et les muscles intervertébraux, moins l'impact sera important sur votre colonne vertébrale.

- De manière générale, il est préférable de favoriser un portage au plus près de votre centre de gravité. Chaque adulte ayant une morphologie différente et la sensation de confort étant très personnelle, il est intéressant d'essayer différents moyens de portage afin de trouver un modèle qui vous convienne et qui vous permette un portage confortable dans la durée. Tous les moyens de portage ne s'adaptent pas à tous les gabarits. Certains préféreront des fines bretelles, d'autres opteront pour des pans déployés enveloppant entièrement l'épaule.

- Avec un système de portage adapté à la taille et au poids de votre enfant vous ne devez pas ressentir de douleur, sinon, changez de moyen de portage.

LE PORTAGE DANS LES BRAS

Chez tous les êtres humains, les sens se développent dans un ordre précis et, dès la vie intra-utérine, le fœtus perçoit de nombreuses informations sensorielles provenant de l'extérieur et de l'intérieur. Le premier sens à apparaître est le toucher, suivi du sens de l'équilibre, de l'odorat, du goût, de l'ouïe et enfin de la vue.

À partir du second mois de grossesse, le bébé commence à ressentir des effleurements quand il se déplace dans le liquide amniotique. Au fil de sa croissance, sa peau se couvre de récepteurs tactiles autour de la bouche, sur le visage, sur la paume des mains, sur la plante des pieds et à l'extrémité de ses doigts. Le bébé aime se blottir contre la paroi du sac amniotique et ressent les contractions de l'utérus ainsi que les pressions exercées sur le ventre de celle qui le porte. Il découvre petit à petit son corps, peut sucer son pouce, toucher son visage ou encore jouer avec son cordon ombilical. Pendant l'accouchement, le passage dans les voies génitales de la mère entraîne des contacts intenses. Une fois né, le bébé a alors un grand besoin de contact physique et d'être touché car c'est son sens le plus développé. Les caresses, les massages, les câlins ou encore les bercements le rassurent et lui apportent un sentiment de bien-être.

Tout au long de la journée, le bébé va sans cesse être pris dans les bras, c'est l'un des lieux du développement moteur naturel de l'enfant. Le parent est fréquemment amené à porter son bébé dans les bras pour des moments de portage ponctuels. En effet, les bras du porteur permettent de câliner, de rassurer, de transporter le bébé sur une courte distance au sein du lieu d'habitation ou d'interagir avec le bébé en position assise. Pour que le tout-petit puisse se sentir en sécurité et entrer en relation, il ne doit pas constamment chercher à s'agripper. Il est donc important de veiller à ce que ce temps de portage dans les bras soit qualitatif en lui proposant des points d'appui. Un nouveau-né a besoin de sentir que son bassin est soutenu, ainsi que sa nuque tant que le haut de son dos n'est pas assez musclé pour tenir sa tête.

EN PRATIQUE

Prise dans les bras

• Quand vous avez besoin de soulever votre bébé, la prise sous les aisselles est à éviter car tout le corps est en tension dans cette position. Sa colonne vertébrale est étirée et il n'a pas de points d'appuis possibles puisqu'il ne peut positionner ni ses mains ni ses pieds contre vous. Il est privé de ses repères sensoriels, ce qui est une source d'inconfort. La prise sous les aisselles est un geste encore fréquemment répandu, mais plus les parents seront informés, plus ils pourront s'approprier et répandre des gestes plus respectueux du développement du bébé.

On admire dans le jardin un paon venu faire la roue. Comme dans tout spectacle, c'est plus agréable d'être bien installé, ce que permet le soutien de son dos, de son bassin et de ses cuisses grâce à mon buste et à mes avant-bras !

- Voici une possibilité pour prendre votre bébé dans vos bras quand il est posé sur une surface plane : placez une main sous le bassin du bébé et l'autre main derrière sa nuque. Soulevez ensuite ses épaules et continuez à l'enrouler pour le récupérer dans vos bras. Une fois votre bébé dans vos bras, continuez à lui offrir un soutien par la base, que vous le portiez face à vous contre votre ventre, sur le côté ou face au monde.

- Quand votre enfant grandit et tient debout, adaptez votre manière de le soulever, mais en continuant à éviter la prise sous les aisselles pour préserver votre dos. Pour cela, fléchissez vos genoux, passez une main dans le creux de ses genoux pour soutenir son bassin et relevez-vous en gardant le dos droit.

- Lorsque vous portez votre bébé dans vos bras et que vous souhaitez le poser, préférez une dépose sur le côté en accompagnant le mouvement de manière continue ; faites d'abord toucher la surface plane avec son épaule et son bras avant de le pivoter sur le dos. En effet, durant les premiers mois de vie, le réflexe de Moro est très présent chez le bébé. Ce réflexe archaïque est une réaction non-contrôlée présente dès la naissance et un signe de bonne santé chez le bébé. Il peut se manifester quand il entend un bruit soudain ou quand sa tête part vers l'arrière. Il va alors se sentir chuter et avoir le réflexe de tendre brusquement les bras vers l'avant pour venir s'agripper. Cela va être désagréable pour le tout-petit et, s'il dort, cela peut le réveiller. Ce réflexe va petit à petit s'intégrer, le plus souvent entre 3 et 6 mois, puis va être remplacé par la réaction de sursaut.

Même à 2 ans, le soutien de la base reste la base du portage !

POUR ALLER PLUS LOIN

Les moments de soin quotidiens du bébé tels que l'habillage ou le change participent à la création du lien avec son bébé. Ils sont parfois perçus comme des corvées mais il est possible de les transformer en moments de plaisir partagés qui construisent la relation de confiance. Pour cela, il est nécessaire de prendre le temps avec son enfant pour lui offrir du bien-être et l'accompagner dans son développement moteur grâce aux plus douces manipulations possibles. Parlez à votre bébé, gazouillez avec lui et expliquez-lui ce que vous êtes en train de faire pour que ce temps soit un moment qualitatif dans lequel votre enfant ait des repères rassurants. Ainsi, il sera plus coopératif et appréciera davantage ce qu'il est en train de vivre.

Lorsque vous changez la couche de votre bébé, manipulez son bassin plutôt que ses membres afin qu'il reste dans son enroulement et que ses organes puissent être relâchés. Si vous levez ses jambes pour enlever la couche souillée en le tenant par les chevilles, son estomac et ses poumons sont alors comprimés. Basculez plutôt son bassin, ouvrez sa couche, nettoyez un côté, enroulez-le de l'autre côté, nettoyez l'autre côté et remettez-lui une couche propre.

Pour enlever ses vêtements, fléchissez les membres de votre bébé avec douceur, puis enlevez les jambes et les bras. C'est donc le vêtement qui bouge et non la main ou la jambe de votre tout-petit. Certains bébés pleurent lorsqu'ils sont changés car quand on enlève le vêtement de leur corps, ils ne se sentent plus contenus. Dans ce cas-là, placez une couverture sur le bébé afin qu'il ait un contact qui le rassure et le contienne pendant l'habillage. Notez également que les bodys échancrés avec un col bateau qui n'ont pas de boutons sur le devant permettent d'enlever le body en le faisant passer par le bassin du bébé et non par sa tête, rendant la manipulation plus confortable. Cela peut être très utile lors de débordements de couches pour éviter de salir davantage le bébé.

Les bras sont le premier moyen de portage que nous avons. Il est donc important de saisir les enjeux du portage dans les bras afin de pouvoir ensuite utiliser un moyen de portage faisant, finalement, office d'un troisième bras.

3
Les règles de sécurité

Lors des installations dans les différents moyens de portage, la base est de respecter le corps de l'enfant en lui apportant un soutien qui soit le plus proche possible de sa posture naturelle, grâce à la position physiologique (cf. chapitre 2 p. 38). Pour porter son bébé en toute sécurité, il est également indispensable de respecter certaines règles générales.

LE BÉBÉ DOIT ÊTRE CORRECTEMENT MAINTENU

Lorsque le bébé est installé dans le moyen de portage, le tissu doit aller d'un creux du genou à l'autre et bien maintenir son dos, du bas jusqu'à la nuque, afin d'éviter qu'il ne soit plaqué ou tassé. Si vous ressentez le besoin de tenir votre bébé, c'est qu'il y a besoin de revoir un point de l'installation. Fiez-vous toujours à vos sensations.

LE BÉBÉ DOIT POUVOIR FACILEMENT RESPIRER

Les voies respiratoires du bébé (nez et bouche) doivent être dégagées et toujours visibles par le porteur. Le menton doit être décollé du thorax pour permettre une bonne circulation de l'air autour du visage du bébé et qu'il puisse respirer facilement. Un repère est de pouvoir passer deux doigts entre les deux. La position verticale est la position sécuritaire qui permet une bonne oxygénation du cerveau. Qu'il soit en état d'éveil ou qu'il dorme, c'est la position que doit avoir le bébé dans le moyen de portage. La tête, dans l'axe de la colonne vertébrale, doit être libre de toute pression pour pouvoir bouger librement. Ne la bloquez surtout pas !

UTILISEZ UN OUTIL SÉCURITAIRE

Il est nécessaire d'utiliser un outil en bon état, conçu spécifiquement pour porter un bébé. Ce moyen de portage doit être adapté à l'âge de l'enfant et répondre aux normes de puériculture en vigueur. En effet, comme le moyen de portage est en contact avec la peau du bébé et peut parfois être mis à la bouche, il est important d'utiliser un outil de qualité afin que les teintures utilisées soient non toxiques.

GARDEZ UN ÉTAT DE VIGILANCE

Le portage doit se pratiquer en pleine conscience. Toute consommation de substances pouvant entraîner la somnolence ou une diminution de l'état de vigilance peut compromettre la sécurité de l'enfant porté : ne portez pas votre bébé si vous avez ingéré de l'alcool, des somnifères, des drogues, etc.

Pendant toute la durée du portage, il est également indispensable d'être complètement éveillé afin de ne pas compresser son bébé dans son sommeil et de pouvoir vérifier sa respiration. Même si l'on est très fatigué et que l'on doit porter ponctuellement son bébé la nuit, il est très dangereux de s'endormir ainsi. N'hésitez pas à passer le relai autour de vous pour pouvoir bénéficier d'un vrai temps de repos.

Quand vous êtes en mouvement, gardez en tête que, sur votre corps, votre bébé occupe un peu de place ; soyez vigilants aux coins de meubles ou aux encadrements de portes qui pourraient le heurter. Pensez également à hydrater régulièrement votre bébé pendant la durée du portage et à vérifier qu'il n'ait ni trop chaud ni trop froid.

À l'aise dans son sarouel, mon bébé est prêt à être installé dans le sling.

HABILLEZ VOTRE BÉBÉ AVEC DES VÊTEMENTS ADAPTÉS

Qu'il fasse froid ou chaud, qu'il y ait du vent, de la neige ou de la pluie, il est possible de porter son bébé. Il va simplement falloir tenir compte de la température extérieure pour vêtir son enfant en conséquence. Quand on utilise un moyen de portage, il faut garder en tête qu'une couche de tissu correspond à une couche de vêtements. Afin que les échanges thermiques entre le porteur et le bébé puissent se réaliser, il est intéressant de ne pas avoir trop de couches de vêtements entre les deux. De plus, pour réussir à installer de manière physiologique l'enfant dans le moyen de portage, il est conseillé de l'habiller avec des vêtements peu volumineux. Les sarouels, joggings, pantalons souples ou pyjamas sans pieds sont des vêtements bien adaptés à l'enfant qui pourra plier ses jambes et les mouvoir librement.

ADAPTEZ VOS ACTIVITÉS

Le portage de son bébé s'effectue uniquement à pied. La pratique du vélo, de la trottinette, de la natation, de la course à pied ou du ski sont donc à proscrire, car, quand on utilise un moyen de portage, on ne pratique pas d'activités que l'on ne ferait pas avec son bébé dans les bras. Un moyen de portage ne peut pas non plus remplacer un siège auto lors d'un trajet en voiture, même si son bébé s'est endormi et que l'on ne souhaite pas prendre le risque de le réveiller : il n'est pas homologué pour cet usage !

En revanche, vous pouvez faire des activités calmes comme de la peinture, du loisir créatif, des jeux de société ou participer à des séances de danse-portage, consistant à danser en douceur sur de la musique en harmonie avec son bébé. Il est également possible de cuisiner en ayant son bébé en portage, mais en restant vigilant : attention aux éclaboussures d'eau ou d'huile bouillante ou aux objets coupants que votre enfant pourrait attraper en tendant sa main. Porter sur le dos pour cuisiner est souvent plus sécuritaire qu'un portage ventral.

FOCUS : LE PORTAGE SUIVANT LES SAISONS

PORTER EN HIVER

Le portage a une fonction thermorégulatrice, ce qui signifie qu'il tient chaud grâce à la proximité des deux corps. Pour sortir, habillez votre bébé comme à l'intérieur et, après l'installation du moyen de portage, couvrez-vous par-dessus. Il est recommandé de ne pas utiliser de combi-pilotes ou de manteaux encombrants et de privilégier les vêtements fins mais tenant chaud, comme la laine. En effet, plus le vêtement est encombrant, plus il limite les mouvements de l'enfant et gêne l'ajustement du moyen de portage.

Utilisez ensuite en complément l'un des systèmes suivants :

- **Un plaid** que l'on vient coincer autour du moyen de portage : c'est le système le plus économique si l'on souhaite porter en ventral et que l'on a un budget serré.
- **Une couverture de portage :** semblable à une cape, elle s'attache au moyen de portage et peut donc être utilisée par des porteurs de morphologies différentes.
- **Un insert de portage :** c'est une extension de manteau qui permet de porter le sien habituel. La pièce de tissu ajoutée permet de couvrir son bébé tout en pouvant fermer son manteau.
- **Un manteau de portage :** ce sont des manteaux vendus avec des inserts intégrés qui peuvent s'ajouter ou se retirer, permettant d'être utilisés même sans bébé porté. Certains modèles permettent de positionner l'insert sur le ventre et sur le dos, d'autres ne sont conçus que pour du portage ventral.

Voici un tableau synthétisant les caractéristiques de chacun des systèmes pour vous aider à faire un choix correspondant à vos besoins.

	UTILISATION	AVANTAGES	INCONVÉNIENTS	COÛT NEUF EN MOYENNE	MARQUES
COUVERTURE DE PORTAGE	Le porteur garde son manteau et la couverture se fixe sur le moyen de portage ou sur le porteur suivant le modèle.	• Universelle, elle convient à tous les porteurs • Utilisable également dans la poussette ou le siège auto	Tient moins chaud qu'un manteau à cause des possibles courants d'air	60 €	Lennylamb Little Frog Neobulle
INSERT DE PORTAGE	Le porteur garde son manteau et rajoute une extension.	• Permet de garder son manteau habituel	Pas de portage dos possible	Entre 40 et 130 €	Bohmy Kumja
MANTEAU DE PORTAGE	Le manteau de portage a une extension incluse et est utilisable dès la grossesse. Quand le bébé n'est pas porté, le manteau peut être utilisé sans l'extension.	• Tient chaud, pas de courant d'air	• Suivant la morphologie des porteurs, chacun aura besoin d'avoir le sien • Coût élevé	160 €	Bonprix Mamalila Wombat & Co Zoli

En complément de ces systèmes, il est indispensable de couvrir les extrémités du bébé pour éviter la déperdition de chaleur : bonnet ou cagoule pour protéger la tête et les oreilles, moufles ou gants pour les mains, chaussettes épaisses ou chaussons chauds pour les pieds.

Même bébé, même veste de portage : malgré nos 10 cm d'écart, certains modèles taillés larges permettent d'être utilisés par différents porteurs !

J'ai une veste de portage, mais je ne sais pas comment faire pour l'enfiler seul(e) quand je porte sur le dos.

PORTER EN ÉTÉ

Lorsqu'il fait chaud, il est possible de porter son enfant à l'extérieur, tout en essayant néanmoins de ne pas sortir pendant les heures les plus chaudes de la journée (entre 12h et 16h) et en privilégiant l'ombre au soleil.

Il est conseillé de conserver une épaisseur en coton entre son bébé et soi (body ou lange) afin de permettre une absorption de la transpiration et de faciliter la circulation de l'air pour refroidir les corps.

Le portage tient chaud alors il est d'autant plus indispensable de s'hydrater et d'hydrater régulièrement son bébé. Proposez-lui fréquemment à boire et rafraîchissez son visage. L'été, certains moyens de portage sont plus adaptés que d'autres. Privilégiez ceux avec une seule couche de tissu sur le dos du bébé et ceux composés de fibres végétales, comme le lin qui apporte soutenance et fraîcheur.

Soyez également vigilants aux extrémités de votre bébé (tête, mains et pieds) et protégez-les du soleil avec des outils adaptés. Chapeaux, ombrelle, lunettes de soleil ou encore crème solaire permettent de protéger la peau. Notez également que le portage sur le dos tient souvent moins chaud que le portage ventral et permet de faciliter les visites ou les promenades.

À la plage, n'oubliez pas vos lunettes et chapeaux ! Je vous laisse trouver l'accessoire qui a été retiré le temps de prendre la photo.

BON À SAVOIR

Certains moyens de portage sont particulièrement intéressants à la mer ou à la piscine. Attention, il ne s'agit pas d'aller nager avec son bébé en portage, mais d'aller tremper ses pieds dans l'eau. Choisissez un produit composé d'un tissu qui ne se gorge pas d'eau, par exemple le sling d'eau (Sukkiri ou Watersling Mam) ou le filet (Aquabulle, Easy Sling ou Tonga).

Porté dans vos bras rassurants, votre bébé va développer sa confiance en l'élément aquatique.

Connaître les principes de base du portage physiologique est essentiel pour choisir un outil adapté à son bébé. Néanmoins, l'offre est telle aujourd'hui qu'il n'est pas toujours évident de s'y retrouver. Dans cette partie, nous allons expliquer ce que sont les ateliers de portage, afin d'en saisir les enjeux. Nous aborderons ensuite les différents moyens de portage existants.

2.

CHOISIR ET UTILISER UN MOYEN DE PORTAGE PHYSIOLOGIQUE

1
Les ateliers de portage

À QUOI RESSEMBLE UN ATELIER DE PORTAGE ?

Un atelier de portage est un lieu de rencontres, d'échanges et de partages autour du portage physiologique. Il dure le plus souvent entre 1h30 et 2h et est animé par un moniteur ou une monitrice de portage ayant suivi une formation initiale spécifique. L'animateur est donc un professionnel qui possède des connaissances théoriques sur le portage physiologique et qui maîtrise l'utilisation de différents moyens de portage afin de pouvoir proposer des outils adaptés à chaque duo porteur/porté. À l'heure actuelle, il n'existe pas de formation de moniteur ou de monitrice de portage qui soient certifiantes. Le contenu et la durée de chaque formation varient donc selon les organismes.

Plusieurs types d'ateliers de portage existent afin de répondre aux besoins des parents :

- Les **ateliers d'initiation** au portage permettent de comprendre et de maîtriser les bases du portage physiologique, de découvrir les différents moyens de portage et d'apprendre à utiliser en toute sécurité quelques outils adaptés aux nouveau-nés.
- Les **ateliers d'approfondissement** sont destinés aux parents ayant déjà une expérience dans le portage, souhaitant perfectionner leur pratique ou la faire évoluer lorsque leur enfant grandit. Lors de ces ateliers, les participants peuvent découvrir de nouveaux nœuds, apprendre à porter sur le dos ou explorer plus en détails une des familles des moyens de portage.

Un atelier de portage peut être individuel ou collectif, chacun présentant ses avantages.

- **L'atelier individuel** peut souvent être réalisé au domicile des parents. Si l'atelier a lieu après la naissance du bébé, cela évite aux parents de devoir se déplacer, ce qui peut être épuisant avec la fatigue liée au post-partum. De plus, en atelier individuel, l'animateur est entièrement dédié au couple parental et au bébé, ce qui permet un accompagnement entièrement personnalisé.

- **L'atelier collectif** a lieu hors du domicile des parents, ce qui nécessite un déplacement pour s'y rendre. Il a l'avantage de permettre à des futurs ou jeunes parents de se rencontrer et de pouvoir échanger autour des joies et des difficultés liées à ce nouveau rôle qu'ils découvrent. Les tâtonnements de chacun lors des installations en portage permettent de dédramatiser l'apprentissage, et la présence d'autres participants peut être un puissant soutien dans l'appropriation de ces nouveaux gestes. Cela permet également d'observer le positionnement de plusieurs bébés dans différents moyens de portage, ce qui peut aider à acquérir les compétences nécessaires. En raison du nombre de participants, le coût d'un atelier collectif est moins élevé que celui d'un atelier individuel.

QUELLES SONT LES MODALITÉS POUR PARTICIPER À UN ATELIER DE PORTAGE ?

Pour participer à un atelier de portage, il n'est pas nécessaire de posséder du matériel au préalable. Si vous avez un moyen de portage que vous avez acheté ou qui vous a été prêté, apportez-le, afin de comprendre comment l'utiliser. Si vous n'en avez pas, l'animateur vous présentera différents moyens de portage que vous pourrez essayer, ce qui vous permettra d'acheter par la suite l'outil avec lequel vous vous serez senti(e)s le plus à l'aise.

En amont de l'atelier, vous aurez souvent à remplir un questionnaire afin que l'animateur puisse cibler les besoins et les attentes de chaque participant et adapter le contenu de l'atelier. Si votre bébé ou vous-même êtes porteurs d'un handicap, sachez que certains professionnels du portage ont suivi des formations spécifiques et seront compétents pour vous aider à trouver un outil approprié à votre situation.

Le prix des ateliers de portage, qu'ils soient individuels ou collectifs, est fixé par les animateurs de ces ateliers et est extrêmement variable d'une région à l'autre. Il dépend également du statut sous lequel le moniteur ou la monitrice exerce (associatif ou en entreprise). Le prix d'un atelier individuel de deux heures peut varier entre 50 et 90 € et le prix d'un atelier collectif est souvent autour de 35 €. Quel que soit le type d'atelier choisi, il est intéressant de pouvoir y assister en couple afin de recevoir les mêmes informations et de pouvoir s'entraider lors des installations en portage au quotidien. Le tarif est souvent identique que vous veniez seul(e) ou en couple.

À la suite d'un atelier de portage, il est parfois possible de louer certains des moyens de portage que vous avez essayés. N'hésitez pas à demander en amont à la personne qui anime l'atelier si c'est un service qu'elle propose.

Depuis quelques années, des ateliers de portage en visioconférence sont apparus. Ils permettent un accompagnement à distance lorsque le parent n'a pas la possibilité d'assister à un atelier de portage en présentiel, faute de moniteur ou de monitrice de portage disponible dans sa région ou pour des raisons qui lui sont propres.

Pendant toute la durée de l'atelier, les besoins primaires des bébés restent la priorité. N'ayez pas peur que votre bébé pleure, ait faim ou ait besoin d'être changé. Ses besoins physiologiques pourront être respectés et vous pourrez faire toutes les pauses qui vous paraîtront nécessaires. Vous restez l'expert de votre bébé !

Après l'atelier, l'animateur restera une personne ressource qui pourra vous envoyer des vidéos de révision qu'il juge pertinentes ou répondre aux questions qui pourraient vous venir en tête au fil de votre pratique de portage.

Témoignage de Malia

« L'atelier de portage a été très utile dans ma pratique de maman porteuse. J'ai pu poser des questions qui m'étaient apparues lors de mes rares essais. L'installation de mon bébé en écharpe m'a permis d'être rassurée sur le fait que je pouvais y arriver ! Entre participants, nous avons également parlé des couches lavables et du développement moteur de nos enfants. C'était un moment très enrichissant ! »

PEUT-ON SE PRÉPARER AU PORTAGE DANS LE CADRE DE LA GROSSESSE ?

Il est possible d'assister à un atelier de portage enceinte lors du dernier trimestre de grossesse ou après la naissance de son bébé.

- **En prénatal**, les parents ont souvent l'esprit plus disponible car ils n'ont pas à s'occuper de leur bébé pendant l'atelier. Ils pourront investir dans un moyen de portage à utiliser dès sa naissance en gardant en tête qu'il pourrait ne pas convenir à leur bébé et que le ressenti risquerait d'être légèrement différent. Lors des installations dans différents moyens de portage, l'utilisation d'un poupon lesté prêté par l'animateur permet de manipuler les différents outils, mais ne donne pas aux parents la satisfaction d'avoir réussi à installer leur propre bébé.

• **En postnatal,** le bébé étant né, la pratique se fait avec lui, ce qui permet de choisir un outil réellement adapté aux duos porteurs/portés. De plus, quand on a réussi à installer son bébé en portage lors d'un atelier, cela aide à avoir la confiance nécessaire pour recommencer chez soi. En revanche, en postpartum, la fatigue peut être extrême et le manque de sommeil peut freiner l'envie de participer à un atelier de portage. Si les parents ne possèdent pas de moyen de portage, il leur faudra attendre de réaliser l'atelier pour porter leur bébé dans un outil adapté. Plus la pratique du portage commence tôt, plus le bébé conserve ses compétences d'agrippement et plus il est facile de l'installer, donc d'apprendre. Essayez donc de ne pas trop tarder à participer à un atelier une fois votre bébé né, même s'il n'est jamais trop tard pour se lancer dans l'aventure du portage.

Certaines monitrices de portage proposent des formules de deux ateliers. Cela permet aux parents de réaliser un premier atelier avant la naissance de leur bébé pour découvrir les bases du portage et les outils existants et un deuxième atelier après la naissance pour ajuster plus finement les installations avec leur bébé.

Témoignage d'Antoine

« En fin de grossesse, quand ma compagne me parlait de portage, je n'en voyais pas bien l'intérêt et, surtout, ça me paraissait vraiment compliqué. Des kilomètres de tissu pour accrocher un bébé, vraiment, je n'étais pas conquis. Puis Liam est arrivé et mon point de vue sur la question a évolué. Enveloppé dans le tissu, je le voyais s'endormir paisiblement. Ma compagne m'a encouragé à participer à un atelier de portage et ma réticence s'est peu à peu envolée. L'écharpe, ça n'a jamais été pour moi, mais on a acheté un porte-bébé à clips et j'ai pu goûter à mon tour à la joie de sentir mon bébé se laisser aller contre moi. »

QUELS SONT LES AVANTAGES D'UN ATELIER DE PORTAGE ?

Le portage se démocratisant, il existe de plus en plus de tutoriels vidéo disponibles gratuitement sur Internet. Alors, est-il réellement indispensable de suivre un atelier de portage ? Ne peut-on pas se contenter de lire la notice d'installation de son moyen de portage ?

Lors d'un atelier de portage, le moniteur ou la monitrice que vous avez devant vous est **un(e) professionnel(le)** qui a été formé(e) pour accompagner les parents dans le portage des enfants et dans le respect des besoins physiologiques de chacun. Vous serez donc **accompagné(e)s de façon personnalisée**, afin de trouver une installation répondant à vos préférences et à celles de votre bébé. Gardez en tête que les notices d'installation ne sont pas toujours écrites par des personnes formées au portage physiologique et que n'importe qui peut poster une vidéo sur Internet. De nombreux parents en visionnent une de ce genre, essaient, échouent et abandonnent le portage en pensant que ce n'est pas pour eux, alors qu'un petit accompagnement peut tout changer dans l'expérience du portage.

Au cours de l'atelier de portage, vous pourrez **toucher** et **essayer** différents outils. C'est en pratiquant que vous vous rendrez compte de ce qui vous plaît et de ce qui est le plus approprié à l'usage que vous recherchez.

Lorsque vous allez vous entraîner à utiliser les moyens de portage, vous pourrez **observer les gestes précis** du moniteur ou de la monitrice de portage et **entendre ses explications**. Il pourra ensuite vous faire **un feedback** sur votre installation, pour l'ajuster de la manière la plus optimale et confortable possible. Il vous donnera des astuces et des techniques qui vous permettront de maîtriser chaque étape. Vous serez donc assurés d'utiliser correctement les outils que vous avez entre les mains.

Vous aurez **les réponses à toutes les questions que vous vous posez** ou que les autres participants se posent s'il s'agit d'un atelier collectif, et vous pourrez échanger autour de vos inquiétudes. La partie théorique vous permettra de comprendre les bases du portage, ce qui vous rendra plus autonome dans le choix de vos outils. Si vous souhaitez par la suite en changer, la connaissance des règles de sécurité vous assurera un portage sans risque pour votre bébé.

L'objectif final de l'atelier de portage est que vous vous sentiez capables d'installer votre enfant de façon autonome avec l'outil que vous avez choisi. C'est ensuite en pratiquant que vous peaufinerez vos installations et que vous vous sentirez de plus en plus à l'aise.

Néanmoins, les tutoriels vidéo ne sont pas à laisser de côté pour autant. Ils sont des démonstrations qui viennent en complément des ateliers, afin de se remémorer ce qui a été abordé. Ils peuvent également permettre de réaliser de nouveaux nouages lorsque les bases du portage ont été comprises et acquises.

COMMENT SAVOIR SI L'ATELIER DE PORTAGE EST QUALITATIF ?

Pour participer à un atelier de portage, le bouche à oreille est à privilégier, afin d'avoir une garantie de qualité. Si vous côtoyez d'autres parents dans votre entourage, n'hésitez pas à leur demander conseil. Sinon, vous pouvez vous rapprocher de votre maternité ou de la PMI, qui travaille parfois en réseau avec des professionnel(le)s formé(e)s au portage. Il existe également plusieurs sites internet référençant des moniteurs et monitrices de portage :

- Le site de l'association Portersonenfant : ateliers en France, en Suisse ou en Belgique : https://portersonenfant.fr/atelier/#portage.
- Le site de la boutique Portons Bébé : https://portons-bebe.fr/monitrices-de-portage/.
- Le site de certaines marques de moyens de portage : Neobulle, Love Radius, La Ruche Leora, Ling Ling d'amour, etc.

Aujourd'hui, de nombreux organismes existent et proposent des formations plus ou moins complètes. Suivre des formations continues est également indispensable lorsque l'on est moniteur ou monitrice de portage puisque le monde du portage évolue constamment. Afin de vous éviter toute déception, lors de la prise de contact avec un moniteur ou une monitrice de portage, n'hésitez pas à lui demander le contenu de l'atelier qui vous intéresse.

Témoignage de Amelle

« C'est lorsque mon deuxième fils est né que j'ai vraiment découvert les bienfaits du portage. J'avais utilisé à quelques occasions un porte-bébé que l'on m'avait prêté pour mon aîné, mais je n'avais pas vraiment aimé. Je ne sentais pas mon bébé bien installé et je n'étais pas très confortable. Enceinte de 7 mois, j'ai découvert grâce à ma sage-femme l'existence d'ateliers de portage. J'ai participé à l'un d'entre eux, j'ai essayé plusieurs outils et mon expérience du portage a été complètement différente. Le portage m'a facilité la vie en me permettant de jouer avec mon aîné pendant que son frère dormait dans mon dos ou de faire certaines des tâches ménagères qui peuvent s'accumuler quand on a un bébé qui ne veut être que dans les bras et qui se réveille dès qu'on le pose. »

L'atelier de portage est un cadeau utile que vous pouvez faire figurer sur votre liste de naissance. Les moniteurs et monitrices de portage proposent des bons cadeaux que vous pouvez également offrir à vos proches qui attendent un enfant. Ce cadeau est d'ailleurs souvent très apprécié par les jeunes parents.

Un atelier de portage, c'est donc un endroit d'échange qui permet de s'informer sur le portage physiologique, de tester différentes techniques et de se donner confiance pour commencer à porter son bébé en toute sécurité. C'est un petit investissement pour un magnifique projet, celui de porter son bébé de façon confortable, afin de partager des moments privilégiés en duo au quotidien.

Témoignage de Marine

« J'ai réalisé un atelier de portage pour porter notre deuxième fille sur le dos alors qu'elle n'avait qu'un mois. Cela m'a permis de dépasser mon appréhension du passage au dos d'un nourrisson et de me lancer. Depuis que j'ai acquis les gestes sécuritaires pour l'installer, je la porte au dos tous les jours et j'ai les mains libres pour m'occuper de sa grande sœur ! »

2

Les principaux moyens de portage

Il existe différentes familles de moyens de portage et chacune a ses spécificités. Selon le moyen de portage, il peut être possible de porter sur le ventre, sur la hanche ou sur le dos.

• **Le portage ventral** est souvent privilégié durant les premiers mois de vie du bébé. Il permet au parent et à l'enfant de tisser leur lien et de s'apprivoiser en favorisant les échanges de regard, les caresses et les bisous. Pour les porteurs débutants, voir son bébé lors de l'installation dans un moyen de portage est souvent rassurant. Installé contre le ventre du porteur, le bébé occupe peu de place, ce qui ne gêne pas le champ de vision du parent, et son faible poids n'exerce qu'une légère pression sur son périnée. Après 9 mois de grossesse, cet ensemble de muscles participant au soutien des organes du corps est plus relâché. Tant que la rééducation du périnée n'a pas été effectuée, il est nécessaire de limiter les fortes pressions au niveau du ventre, en privilégiant les portages assez hauts sur le ventre ou avec des installations ne le compressant pas.

Portage ventral en sling de mon bébé de deux semaines. Mon périnée est précieux, j'en prends soin en portant haut et en limitant les pressions dessus.

• **Le portage sur la hanche** est une alternative intéressante lorsque le bébé grandit. De plus en plus éveillé, il peut manifester son envie de découvrir ce qu'il se passe autour de lui et, sur la hanche, son champ de vision est alors plus large. Il peut facilement tourner la tête afin

À la fin d'une grande balade, un petit tour en sling sur ma hanche permet de rentrer dans la bonne humeur jusqu'à la maison.

d'observer ce qui l'entoure, mais aussi se blottir dans le creux de l'épaule de son porteur pour un gros câlin. En portage à bras, c'est d'ailleurs assez naturellement sur cette partie du corps que le bébé est positionné dès qu'il a un écart de hanches suffisant pour pouvoir placer chacune de ses jambes de part et d'autre du corps du porteur. Certains parents peuvent avoir de l'appréhension à porter leur bébé sur le dos et le portage hanche peut alors être une étape intermédiaire. Le champ de vision du porteur est également davantage dégagé, ce qui est plus sécuritaire pour éviter de trébucher sur un objet, le bébé occupant de plus en plus de place. Porter sur la hanche permet également au porteur d'avoir un côté de son corps complètement libre pour vaquer à ses occupations. Toutefois, le portage sur la hanche est un portage asymétrique où le poids du bébé repose essentiellement sur une seule des deux épaules du porteur. Plus le bébé devient lourd, moins le portage est confortable dans la durée. En effet, au bout d'un certain temps le porteur peut ressentir un déséquilibre et sentir le besoin de compenser le poids du bébé en se déhanchant de l'autre côté, pouvant alors occasionner des maux de dos. Si vous utilisez fréquemment le portage sur la hanche, il est intéressant d'alterner le côté sur lequel vous installez votre bébé afin que votre enfant soit stimulé des deux côtés.

- **Le portage dorsal** est possible dès la naissance avec certains moyens de portage, mais il est plus souvent utilisé quand l'enfant grandit et que son poids rend le portage ventral inconfortable et limitant pour le porteur. Porter sur le dos implique de découvrir une nouvelle communication avec son bébé basée sur le ressenti. La vue est moins sollicitée pour laisser davantage de place à l'ouïe et au toucher. Une des principales appréhensions des parents lorsqu'ils ont envie d'installer leur bébé sur le dos est la peur de le faire tomber. Les premiers portages sont souvent hésitants car il faut trouver de nouveaux repères. Pourtant, le portage dos offre une grande liberté de mouvements en dégageant entièrement l'espace situé devant le porteur. Les champs de vision et d'action sont libérés et permettent au parent de s'occuper des aînés, d'effectuer les tâches ménagères ou de vaquer à ses occupations. Au fil des installations, les techniques s'acquièrent et les gestes deviennent plus assurés. Le portage sur le dos peut permettre de continuer à porter des enfants de 4 ans ou plus de manière réellement confortable.

Après une tentative de sieste dans son lit, quelques minutes suffiront pour le faire tomber dans les bras de Morphée.

BON À SAVOIR

Le portage va évoluer avec la croissance et le développement de l'enfant afin de rester un outil répondant à un besoin. Au début de sa vie, le nouveau-né dort une grande majorité de la journée et le portage assouvit principalement son besoin de proximité qui est alors l'un de ses besoins prédominants. Puis, plus il va grandir, plus l'enfant va avoir envie d'interagir avec le monde qui l'entoure. Il peut se mettre à pousser avec ses bras contre son porteur s'il est porté sur le ventre et manifester son envie d'avoir un champ de vision plus large. Cela ne signifie pas que l'enfant n'a plus envie d'être porté, mais que son besoin évolue et qu'il souhaite vivre de nouvelles expériences davantage tournées vers l'extérieur. C'est alors indispensable de faire évoluer sa façon de le porter en adaptant le serrage du moyen de portage afin de lui offrir davantage de liberté de mouvement et en lui proposant des positions sur la hanche ou sur le dos afin de satisfaire sa curiosité. Puis, votre enfant va peut-être avoir de moins en moins besoin de temps de portage et va parfois même s'y opposer. Ces « grèves du portage », moments durant lesquels l'enfant peut se mettre à pleurer ou à crier lorsque vous souhaitez l'installer, ne signifient pas que votre enfant vous rejette, mais plutôt qu'il est à un stade de son développement où son besoin d'exploration prédomine. Passé quelques semaines, il n'est pas rare que l'enfant soit à nouveau demandeur de moments de portage pour remplir, contre vous, son réservoir affectif.

Voici maintenant un petit tour d'horizon sur les différentes familles de moyens de portage pour vous aider à y voir plus clair.

L'ÉCHARPE DE PORTAGE

L'écharpe est un moyen de portage très polyvalent adapté dès la naissance du bébé. Il existe deux catégories d'écharpe de portage qui se différencient par leur procédé de fabrication : les écharpes tricotées et les écharpes tissées.

Les écharpes tricotées

Les écharpes tricotées, parfois appelées écharpes extensibles ou encore écharpes stretch, sont fabriquées sur des machines munies d'aiguilles qui vont tricoter plusieurs fils ensemble. Ce sont des écharpes longues qui mesurent environ cinq mètres. Cette longueur est nécessaire pour porter de façon sécuritaire puisqu'en raison de leur élasticité, elles nécessitent de réaliser des nœuds avec au minimum deux couches de tissu sur le dos du bébé afin d'assurer un maintien suffisant.

Ce sont des écharpes souvent appréciées pour porter les nouveau-nés, car étant souples et malléables, elles offrent une sensation de seconde peau. Cependant, elles ont un effet plaquant qui ne sera que peu toléré par certains bébés. Elles sont aussi intéressantes à utiliser lorsque les températures sont fraîches car, s'utilisant avec deux ou trois couches, elles tiennent chaud.

Ce portage en écharpe tricotée tient chaud à mon bébé tout juste né grâce à ce nœud couvrant son corps de plusieurs couches de tissu.

Parmi les écharpes tricotées existantes, il y en a de différents types :

- certaines ne contiennent pas d'élasthanne ;
- certaines sont tricotées avec un fil d'élasthanne, mais ne sont pas extensibles dans la longueur ;
- certaines sont tricotées avec un fil d'élasthanne et sont extensibles dans la longueur.

Moment câlin en écharpe tricotée avec mon fils malade. Le côté enveloppant de cette écharpe est apaisant, mais je n'irais pas me balader ainsi pendant des heures.

Cette distinction a son importance car, suivant le type d'écharpe, certains nœuds ne pourront pas être correctement réalisés. Ce sont des écharpes souvent peu larges, plutôt adaptées à du portage ventral ou sur la hanche, mais moins propices voire inadaptées au portage sur le dos.

Plus l'enfant grandit, moins l'écharpe tricotée sera adaptée. En effet, une écharpe tricotée est fabriquée avec une maille extensible qui s'étire. Lorsque le porteur marche, cette extensibilité s'ajoute au rebond naturel de la marche et plus le bébé prend du poids, plus cela peut créer un « effet rebond » entrainant un moins bon soutien du dos du bébé et une sensation de tiraillement pour le porteur, rendant le portage inconfortable.

Notez que certaines écharpes tricotées comportent une poche située au niveau du dos du bébé. Il est souhaitable de ne pas y insérer d'objets volumineux ou durs afin de ne pas créer de pressions sur son dos.

Les écharpes tissées

Les écharpes tissées sont fabriquées sur un métier à tisser. Ce sont les moyens de portage les plus polyvalents car elles peuvent être utilisées de la naissance à la fin du portage. Elles existent en différentes tailles, à choisir en fonction de la morphologie du porteur et du type de nœuds que l'on souhaite réaliser. La longueur des écharpes varie généralement entre 2m70 (taille 2) et 5m60 (taille 8). Plus le numéro de taille de l'écharpe est élevé, plus elle est longue. Lorsque l'on débute dans le portage, on ne sait pas forcément quelle taille choisir. Celle la plus communément utilisée est la taille 6 (4m60) car cette longueur permet de réaliser la majorité des nouages pour un porteur s'habillant jusqu'à la taille 42. Si votre écharpe est un peu longue par rapport au nœud que vous réalisez, n'ayez pas d'inquiétude, vous pourrez tout à fait l'utiliser. Le tissu en surplus peut simplement rendre l'écharpe un peu moins maniable.

L'écharpe tissée est parfaite pour aller se promener quand les beaux jours arrivent.

Ces écharpes offrent une grande stabilité dans la longueur et dans la largeur, ce qui rend possible un portage en simple couche, c'est à dire en étalant une seule couche de tissu sur le dos de l'enfant. La présence d'ourlets permet de bien tendre le tissu au niveau de la base du bébé et de sa nuque et d'assurer un maintien de l'enfant.

Il est important d'utiliser une écharpe tissée spécialement conçue pour porter un bébé et non n'importe quel morceau de tissu. En effet, de nombreuses façons de tisser un textile existent et, suivant l'enchevêtrement des fils, le tissu obtenu a ses propres particularités. Certains sont robustes, d'autres sont élastiques dans une seule diagonale et d'autres dans les deux diagonales. Pour réaliser les nœuds adaptés aux écharpes de portage de façon correcte, il est nécessaire d'avoir un textile tissé en sergé et ce type de tissu ne s'achète pas dans les magasins de tissu. Il est également fortement recommandé d'avoir un tissu répondant aux normes d'homologation pour porter son enfant en toute sécurité.

• Il existe une grande diversité dans le prix des écharpes de portage tissées, qui peut varier en fonction de :

- **leur longueur,** nécessitant plus ou moins de tissu,

- **leur composition,** puisque certaines fibres sont plus onéreuses que d'autres,

- **leur tissage,** plus ou moins travaillé,

- **leur production,** en série limitée ou non.

- Les écharpes tissées peuvent être utilisées tout au long de l'année, quel que soit le temps, pour porter sur le ventre, sur la hanche ou sur le dos.
- Les nœuds adaptés aux écharpes tissées sont différents des nœuds adaptés aux écharpes tricotées. Il est donc important de connaître la nature de son écharpe de portage pour réaliser un nouage sécuritaire. Pour savoir si l'écharpe que l'on possède est tissée ou tricotée, ce n'est pas la matière première utilisée qui va déterminer la nature de l'écharpe, mais bien la façon dont le textile qui la compose est réalisé. Lire les indications d'une étiquette sur laquelle serait écrit « 100 % coton » ne permet pas d'avoir la réponse.

Les écharpes tricotées s'étirent quand on les manipule puisque le tricot est extensible et, à l'œil nu, on peut distinguer les mailles du tricot qui la compose. Le tissu ressemble à celui d'un tee-shirt.

Les écharpes tissées ne s'étirent pas si on tire dessus car elles ne sont extensibles ni dans la longueur, ni dans la largeur et, en les observant, il est possible de voir les fils de tissu qui s'entrecroisent.

Pourquoi existe-t-il tant de nouages d'écharpes différents ?

Les nœuds d'écharpes se classent en plusieurs catégories et, suivant la façon dont le nœud se réalise, la répartition de la charge sur le porteur ou la façon dont le bébé sera installé dans le tissu varie. Certains nouages sont réservés aux écharpes tissées, d'autres aux écharpes tricotées, certains seront en suspension sur les épaules du porteur quand d'autres seront plus plaquants. Pour autant, rien ne sert de vouloir apprendre beaucoup de nœuds lorsque l'on débute dans le portage. Il vaut mieux en pratiquer un jusqu'à savoir le réaliser correctement, la diversité viendra dans un second temps si l'envie de changement est là, pour des raisons de confort ou d'esthétique.

Le sling

Le sling, appelé aussi ring-sling ou écharpe sans nœuds, est une écharpe courte sur laquelle deux anneaux sont cousus à une extrémité. Il peut s'utiliser dès la naissance du bébé. Comme pour les écharpes de portage, on distingue deux types de slings : les slings tissés et les slings tricotés. Quel que soit le sling, l'installation est identique et le portage s'effectue en simple couche sur le dos du bébé. Les slings tricotés moulent le dos du bébé, mais peuvent présenter un « effet rebond » lorsque l'enfant grandit alors que les slings tissés nécessitent parfois un certain temps d'utilisation pour que le tissu coulisse facilement dans les anneaux, mais ils apportent un soutien plus important lorsque le bébé porté prend du poids.

- Quand on débute dans le portage, certains modèles de slings offrent des repères visuels qui peuvent faciliter l'installation du bébé. Ceux possédant des ourlets cousus de deux couleurs différentes permettent de s'assurer que le tissu n'a pas vrillé dans le dos du porteur. D'autres, tissés avec différentes bandes de couleurs, donnent des indications pour serrer de façon homogène le tissu tout le long de la colonne vertébrale de l'enfant.

- Le sling est un moyen de portage asymétrique, ce qui signifie que le poids du bébé est réparti sur une seule épaule, celle du porteur, qui est située à l'opposé du côté où est porté le bébé. Certains porteurs trouveront cette asymétrie inconfortable tandis que d'autres pourront porter longtemps avec.

Le sling c'est le moyen de portage que j'ai toujours à portée de main, c'est si pratique dans le quotidien !

Cet outil prend peu de place et s'installe sans réaliser de nœud contrairement à l'écharpe. C'est le poids du bébé qui permet de bloquer le tissu dans les anneaux. Il nécessite néanmoins une prise en main pour être bien ajusté sur le dos du bébé. Lorsque l'utilisation de l'outil est maîtrisée, c'est un moyen de portage qui est pratique au quotidien car, une fois le montage réalisé, il n'y a pas besoin de le démonter à chaque fois. Il est donc prêt à l'emploi et, du fait de sa courte longueur, il n'y a pas de tissu qui traîne par terre pendant l'installation, ce qui est un atout si on l'utilise à l'extérieur. Si vous devez vous rendre quelque part, vous pouvez l'installer sur vous avant de prendre votre voiture. Une fois arrivé à destination, il vous suffira de sortir votre bébé de son siège auto et de l'installer dans le sling. Même s'il est plus facile de réaliser l'installation hors de sa voiture, par temps pluvieux, une installation dans la voiture à l'arrêt reste possible.

Le sling est également un bon allié de l'allaitement maternel puisqu'il est aisé de donner le sein à son bébé lorsqu'il est installé dedans.

L'utilisation principale du sling est en portage ventral ou sur le côté. Il est également possible de l'utiliser pour porter sur le dos un enfant qui a déjà une certaine tenue du dos, mais cela reste plutôt du portage d'appoint.

Le porte-bébé à clips

Le porte-bébé à clips, aussi appelé porte-bébé préformé, est un moyen de portage composé d'une ceinture à clip, de deux bretelles et d'une poche, aussi nommée tablier, dans laquelle le bébé est installé.

● Il peut être utilisé pour porter sur le ventre ou sur le dos. Les modèles dont les bretelles peuvent se déclipser sont également utilisables en portage hanche. C'est un moyen de portage sans nœud et rapide à installer. De nombreux modèles de porte-bébé existent et il est parfois difficile de s'y retrouver. Comment reconnaître un porte-bébé permettant de réaliser un portage physiologique ? Voici quelques critères pour vous aider dans votre choix :

– Le tablier est en tissu d'écharpe : cela permet un ajustement au plus proche du dos du bébé.

– Le tablier est réglable en largeur à l'écart de hanches du bébé, permettant au tissu d'aller d'un genou à l'autre et donc de soutenir toute sa base.

– Les mains du bébé peuvent être positionnées près de son visage.

– Le bébé est installé face au porteur.

– Les pieds sortent du moyen de portage, favorisant l'enroulement.

Pause tendresse en porte-bébé installé sur le ventre.

Parfait pour les longues balades, le porte-bébé sur le dos est vraiment confortable.

- Une grande majorité des porte-bébés possède une capuche, parfois amovible, parfois non. En portage ventral elle n'a que peu d'utilité. Par contre, en portage dorsal elle peut aider à soutenir la tête d'un enfant qui s'est endormi. En effet, en phase de sommeil les muscles se relâchent et comme le portage sur le dos en porte-bébé à clips est relativement bas, l'enroulement est alors insuffisant pour assurer la tenue de la tête qui peut balloter et tomber vers l'arrière.

- Les porte-bébés taille standard deviennent majoritairement petits vers 18-24 mois. Sachez qu'il existe des porte-bébés plus grands, taille *toddler* ou *preschool*, permettant de continuer à porter son enfant. Même si le fabricant indique que le porte-bébé peut s'utiliser jusqu'à 20 kg, cela signifie uniquement que le tissu et les coutures de cet outil résistent dans des conditions extrêmes de portage jusqu'à ce poids maximal. Les tests assurent donc la solidité du produit jusqu'au poids indiqué mais ne tiennent pas compte de la manière dont l'enfant est installé. Un porte-bébé sera presque toujours trop petit avant que le poids maximum indiqué ne soit atteint par l'enfant.

- Un porte-bébé est à la taille d'un enfant si :

– L'assise va d'un creux du genou à l'autre

– Le tablier peut couvrir le dos jusqu'à la nuque

Si l'un de ces deux critères n'est plus rempli, le porte-bébé commence à atteindre ses limites pour le portage de cet enfant. Les conséquences d'un porte-bébé trop petit sont un manque de confort, pour le porteur comme pour le porté, et un manque de sécurité lorsque le tablier devient trop peu couvrant sur le dos.

La mention de poids de ce porte-bébé taille standard est de 4 à 20 kilos. Mon fils pèse 15 kg mais nous ne sommes plus confortables dans ce moyen de portage.

Ce porte-bébé taille preschool est adapté à la morphologie de mon enfant, ce qui rend le portage confortable pour lui comme pour moi.

● Il est fréquent de lire que les porte-bébés ne sont pas adaptés dès la naissance ou qu'il faut attendre que le bébé sache s'asseoir seul pour l'installer dedans. Ces discours datent d'il y a quelques années, lorsque les porte-bébés existants étaient composés de tissu rigide et que leur tablier n'était pas réglable. Aujourd'hui, de nouveaux modèles ont fait leur apparition et certains d'entre eux permettent d'avoir un bon maintien du bébé sur une longue durée de portage. Cependant, il est vrai que le porte-bébé va nécessiter un passage du tablier entre les jambes du bébé et, si le bébé naît groupé, avec ses pieds qui se rejoignent, cela peut forcer son écart de hanches les premiers jours ou les premières semaines. Certains parents souhaitent porter leur bébé né à terme et en bonne santé, mais ne se sentent pas à l'aise avec l'écharpe de portage ou apprécient le côté rassurant d'un outil préformé, alors des modèles pensés pour les nouveau-nés peuvent vraiment leur convenir.

● Si vous souhaitez investir dans un de ces outils pour porter un nouveau-né, privilégiez un porte-bébé avec :

– **Un tablier réglable à de petites dimensions :** une hauteur qui permet de dégager les voies respiratoires et une largeur permettant de ne pas forcer l'écart de hanches.

– **Des bretelles pouvant être attachées à la ceinture ventrale :** ce système offre un portage en suspension qui favorise l'enroulement du bébé, réduit les pressions sur son dos et protège le périnée du porteur, utile pour les mamans en post-partum.

– **Un tissu d'écharpe :** souple, il moule au plus proche le dos de l'enfant.

J'adore utiliser mes écharpes de portage, mais avec la fatigue du post-partum, j'ai parfois simplement envie d'un outil prêt à être clipsé !

Néanmoins, lorsque vous utilisez un porte-bébé avec un nouveau-né, restez vigilants à ce que le soutien de son corps soit suffisant, afin qu'il ne s'affaisse pas et qu'il garde ses voies respiratoires correctement dégagées.

- Certains fabricants proposent des réducteurs à destination des nouveau-nés pour pouvoir homologuer leurs porte-bébés puisque ces outils doivent pouvoir être utilisés à partir de 3,5 kg. Ces dispositifs permettent plus difficilement une installation physiologique : le bébé est souvent assis sur ses pieds et se retrouve rapidement enfoui dans le tablier. Un porte-bébé avec un tablier réglable en largeur est donc nettement à privilégier pour porter un tout petit.

- Traditionnellement, les bretelles des porte-bébés se fixent au tablier. Aujourd'hui, il existe également certains modèles sur lesquels les bretelles peuvent être attachées à la ceinture.

– Cette possibilité permet d'utiliser ces porte-bébés dans les premiers mois de vie puisque fixer les bretelles à la ceinture du porte-bébé a plusieurs avantages avec un tout-petit :

– l'enroulement du bébé est facilité en favorisant le soutien de sa base ;

– les pressions sur le dos du bébé sont évitées ;

– le portage s'effectue en suspension, protégeant le périnée fragile de la maman qui vient de mettre au monde son enfant.

En revanche, passé quelques mois, quand l'enfant grandit et que la maman a effectué sa rééducation du périnée, la fixation des bretelles au tablier est plus intéressante :

– En état d'éveil, quand le bébé se redresse, cela lui offre davantage de liberté de mouvement et de confort.

– Le poids du bébé est mieux réparti sur le corps du porteur, en sollicitant ses épaules, mais aussi ses hanches.

- Si votre bébé a déjà quelques mois lorsque vous achetez votre porte-bébé, privilégiez un modèle sur lequel les bretelles sont fixées au tablier. Sinon, vous pouvez opter pour un modèle avec les bretelles fixées à la ceinture ou combinant les deux possibilités. Tant que vous serez confortables en fixant les bretelles à la ceinture, installez-les ainsi, puis changez quand vous commencez à ressentir de l'inconfort.

FOCUS : LES PORTE-BÉBÉS PERMETTANT UNE INSTALLATION FACE AU MONDE

Sur le marché des moyens de portage, il existe également des porte-bébés permettant de porter son enfant face au monde extérieur et non face au porteur. Ces modèles répondent à une demande de nombreux parents qui pensent favoriser l'éveil de leur bébé.

Ce qu'il faut avoir en tête, c'est que lorsqu'il naît, le bébé humain voit nettement à une distance de 20 à 30 cm. Au-delà de cette distance, les formes sont floues. Il a des difficultés à fixer sa vision pour faire la mise au point et distingue les couleurs seulement si elles sont contrastées. Les cônes de l'œil, cellules permettant de détecter les couleurs, sont actifs, mais pas encore matures.

Lorsqu'il est porté face au monde, il reçoit de nombreux signaux venant de l'extérieur qu'il n'est pas forcément en capacité de gérer, soit parce qu'il ne les voit pas, soit parce qu'il en reçoit en nombre trop important. L'orientation de sa position ne lui offre pas la possibilité de se blottir contre le porteur pour se reposer lorsqu'il est fatigué.

De plus, les installations en position physiologique sont difficilement réalisables face au monde et ont tendance à entraîner le bébé vers l'avant, faisant pression sur le dos du porteur et sur son périnée, rendant la position rapidement inconfortable. Suivant l'installation, le menton du bébé peut se coller à la poitrine, gênant sa respiration et ses mains ne peuvent pas s'agripper. Porter son enfant, c'est le transporter, mais aussi créer du lien et être en interaction. Cela devient plus difficile lorsque le contact visuel n'est pas présent.

Quand le bébé grandit et qu'il cherche à se tourner parce qu'il s'éveille davantage au monde qui l'entoure, il est intéressant de lui proposer d'autres positions de portage ou d'autres installations lui permettant d'avoir un champ de vision plus large. Le portage sur la hanche ou sur le dos peuvent être des alternatives intéressantes.

Néanmoins, si le parent a envie de porter son enfant face au monde pour des raisons qui lui sont propres, il est alors indiqué de choisir un modèle permettant aux jambes du bébé d'être relevées et à ses genoux d'être au moins à 90°, de limiter la durée de portage et de le pratiquer dans un environnement relativement calme lorsque l'enfant est éveillé.

Témoignage de Anaya

« Avec ma conjointe, la randonnée fait partie de nos passions. Profiter des paysages, sentir l'odeur de la forêt et la sensation des cailloux sous les pieds nous anime. Quand Lou est arrivée dans notre vie, après quelques mois d'acclimatation, nous avons cherché comment continuer à aller explorer des endroits difficilement accessibles en poussette. Et c'est là que le portage nous a ouvert ses portes. Nous avons pu continuer à arpenter de nouveaux chemins. Respirer l'air pur et se vider la tête en marchant a une réelle incidence positive sur notre moral malgré la fatigue liée à l'arrivée de notre bébé ! »

FOCUS : LES PORTE-BÉBÉS DE RANDONNÉE

Il existe des porte-bébés « de randonnée », avec des armatures rigides, mais ce sont des charges à vide assez encombrantes. L'enfant est souvent éloigné du centre de gravité du porteur, ce qui peut plus facilement le déséquilibrer en le tirant vers l'arrière. Dans certains modèles, les bébés ont les jambes pendantes ce qui n'est pas très confortable. Dans d'autres, ils sont assis sur un siège, mais quand il s'endort, le corps de l'enfant peut avoir tendance à s'affaisser. Les porte-bébés de randonnée sont utilisables uniquement en portage dos et ne sont pas pratiques à utiliser hors contexte de randonnée (à l'intérieur ou dans les transports en commun). Ces outils ne sont pas recommandés avant environ 9 mois, période où le dos de l'enfant commence à être suffisamment musclé.

Si vous aimez marcher, il est tout à fait possible d'utiliser son porte-bébé à clips pour aller randonner. Cela assure un portage physiologique qui permet de protéger le corps de l'enfant des mouvements liés à la marche parfois saccadée, due aux chemins empruntés par le porteur. Le portage sur le dos est à privilégier afin de dégager le champ de vision du porteur.

Cependant, si vous souhaitez utiliser un porte-bébé de randonnée, qui permet de transporter du matériel en complément de votre bébé, optez plutôt pour un modèle avec une assise profonde.

Le Meh dai

Le *meh dai* est un moyen de portage d'inspiration asiatique. Il est constitué d'un grand rectangle de tissu formant le tablier et de quatre pans à nouer : deux pans forment la ceinture et deux autres pans plus longs se nouent pour former deux bretelles.

Sur le dos, le meh dai permet à mon bébé de voir par-dessus mon épaule grâce à un portage bien haut.

Il s'utilise principalement sur le ventre et sur le dos, mais des installations sur la hanche sont également possibles. Ce moyen de portage a en commun avec le porte-bébé le côté sécurisant d'une assise préformée tout en se rapprochant des sensations de portage en écharpe. Il nécessite un serrage précis afin d'assurer un bon maintien du dos du bébé.

- De nombreuses marques utilisent encore l'appellation « *mei tai* », mais ce mot a été remis en cause il y a quelques années par une association de mères asiatiques parce que cette traduction est erronée. En effet, en cantonais, l'une des langues parlées en Chine, la transcription dans l'alphabet latin de leur moyen de portage est *meh dai*. Le nom « *mei tai* » est donc une déformation fautive. L'emploi de la prononciation correcte va davantage dans le sens d'un respect des pratiques culturelles chinoises.

- Il existe de nombreux modèles de *meh dai*, dont une majorité a une assise préformée réglable en largeur et un tablier réglable en hauteur. Certaines marques proposent aujourd'hui des produits à destination des tout-petits, même si, comme pour le porte-bébé, l'ajustement autour du bébé sera moins sur mesure qu'avec une écharpe de portage.

- Certains *meh dai* ont des pans déployables, ce qui présente trois avantages :

– **Pour le porteur :** une meilleure répartition du poids du bébé sur son dos et sur ses épaules, rendant le portage plus confortable.

– **Pour le porté :** un déploiement possible du tissu sous ses fesses, renforçant le soutien de sa base.

– **Pour la longévité du produit :** une prolongation d'utilisation possible quand la largeur maximale du tablier est atteinte.

- D'autres *meh dai* ont des pans rembourrés en mousse, souvent appréciés pour leur côté plus moelleux sur l'épaule du porteur.
- Enfin, certains produits ont à la fois des pans rembourrés et déployables ; ce sont ceux qui apportent généralement le meilleur confort, même si dès qu'il est question de sensation, cela peut varier en fonction de la morphologie du porteur.
- Depuis quelques années, afin de répondre à une demande des parents, des moyens de portage hybrides ont été créés, à la frontière du *meh dai* et du porte-bébé à clips. Ces moyens de portage possèdent un rectangle de tissu, deux pans à nouer et une ceinture à clip.

L'onbuhimo

L'*onbuhimo* est un moyen de portage d'inspiration asiatique composé de deux bretelles et d'un rectangle de tissu formant le tablier. Il ressemble visuellement au porte-bébé à clips, mais sans présence de ceinture ventrale.

- Deux types d'*onbuhimo* existent. Traditionnellement, les bretelles passent dans des anneaux cousus au niveau de l'assise, mais de plus en plus de modèles appelés *onbuhimo* SAD sont aujourd'hui constitués de bretelles semblables à celles d'un sac à dos. Ce moyen de portage permet de porter son bébé sur le dos sans avoir de ceinture sur le ventre. C'est intéressant pour porter enceinte ou pour libérer son périnée de toute pression. En contrepartie, tout le poids du bébé repose sur les épaules du porteur, ce qui, suivant les gabarits, peut rendre le portage rapidement inconfortable.

L'absence de ceinture, idéale pour éviter d'appuyer sur le petit frère qui commence à grandir dans mon ventre.

- Les *onbuhimo* prennent peu de place et peuvent facilement se glisser dans un sac. Ils sont rapides à enfiler et de bons alliés pour porter des enfants qui veulent fréquemment monter puis descendre du moyen de portage. C'est un moyen de portage actif plutôt indiqué pour un enfant qui a acquis la marche.

QUELQUES DISPOSITIFS DE PORTAGE COMPLÉMENTAIRES

Les aides au portage à bras

Les aides au portage à bras sont des outils conçus pour du portage d'appoint, permettant de soulager les bras du porteur en installant le bébé de façon asymétrique. Par rapport à un portage dans les bras, cela va favoriser la bascule du bassin du bébé et lui offrir une liberté de mouvements. En revanche, contrairement aux moyens de portage précédemment détaillés, ils nécessitent d'avoir une main en soutien derrière le dos de l'enfant et ne permettent donc pas de récupérer l'usage de ses deux bras. En effet, comme le dos du bébé n'est pas contenu dans le système de portage, si on lâche le bébé, il y a un risque de chute.

Toujours dans mon sac, c'est l'outil parfait pour monter toutes nos affaires au troisième étage en un seul voyage !

- Ce sont des outils au poids minime, faciles à transporter, qui ne prennent que très peu de place et qui s'enfilent très rapidement. Certains modèles peuvent s'utiliser dans l'eau.
- La majorité des aides au portage à bras sont des outils avec des tailles définies. Il est nécessaire d'avoir la taille correspondant à sa morphologie pour que l'outil puisse être utilisé.

Les doubles bandeaux de portage

Les bandeaux sont des moyens de portage sans nœuds vendus par paire dans lesquels l'enfant est assis dans le tissu qui crée une croix sur le corps du porteur. Ils sont constitués de deux bandeaux en tissu et sont à taille. Suivant le produit et la morphologie du porteur, ils s'ajusteront plus ou moins correctement. Les fabricants mettent en avant leur côté rapide et facile à installer. L'absence de nœuds et de tissu trainant par terre pendant l'installation séduit de nombreux parents qui voient en ces produits de nombreux avantages. Cependant, pour obtenir une installation satisfaisante et sécuritaire, les manipulations sont finalement assez complexes pour un porteur débutant. En effet, l'ajustement peut difficilement se faire au plus proche du bébé et du porteur puisque les possibilités de régler l'outil sont très minces. Ils ne sont donc pas des moyens de portage plus simples à appréhender que les écharpes de portage. Ils nécessitent au porteur d'être vigilant car les risques de chute sont possibles quand le tissu ne couvre pas suffisamment le dos du bébé. Des difficultés respiratoires peuvent apparaître si les bandeaux sont trop grands et que le visage de l'enfant est recouvert de tissu.

En installant les bandeaux comme indiqué sur la notice du fabricant, le dos du bébé n'est pas suffisamment maintenu et le tissu bâille, enfouissant sa tête.

Une installation optimisée, mais qui demande beaucoup plus de manipulations.

FOCUS : OÙ ACHETER SON MOYEN DE PORTAGE ?

Dans les magasins de puériculture, le choix de moyens de portage permettant une installation physiologique est parfois limité. Certaines plateformes en ligne proposent davantage de modèles, vous accompagnent dans le choix ou vous proposent de louer pour essayer. Cela peut permettre de vérifier que l'outil est adapté et peut aussi être une option pour répondre à un besoin ponctuel de portage lors de vacances.

- **Keep Them Close** https://www.keepthemclose.fr : location et achat de moyens de portage ;
- **Kid & Trip** https://www.kidntrip.com : location de moyens de portage ;
- **Lullabi** https://lullabi.fr : achat de moyens de portage.

Le marché de l'occasion regorge également de moyens de portage. Quelques points de vigilance sont néanmoins de mise :

– Est-ce un moyen de portage homologué d'une marque qui existe ? Certaines personnes fabriquent leur propre moyen de portage avec du tissu non adapté et les mettent en vente sur des plateformes de vente d'occasion.

– Renseignez-vous sur l'état général du moyen de portage, demandez des photos du produit : a-t-il des trous ou des fils cassés ?

– Comment a été entretenu le moyen de portage ? Les écharpes tricotées contenant de l'élasthanne ne se mettent pas au sèche-linge par exemple, car la chaleur brûle l'élasthanne.

Notez que certains moyens de portage d'occasion en bon état peuvent être plus simples à utiliser que le même produit à l'état neuf. Un sling ou une écharpe tissée qui ont déjà été utilisés auront l'avantage de se nouer plus facilement car, les fibres ayant déjà travaillé, le tissu sera plus souple et davantage maniable. Dans le vocabulaire du portage, on parle alors de tissu « rodé ». Si votre moyen de portage tissé est neuf, plusieurs techniques de rodage sont possibles pour le faire devenir plus rapidement agréable à manipuler, même si ce n'est pas une obligation ! Vous pouvez vous asseoir régulièrement dessus en le plaçant sur le siège de votre bureau, vous allonger dessus en le positionnant entre votre drap-housse et votre matelas ou l'utiliser comme jeté de canapé. C'est le frottement répété des fibres de tissu entre elles qui va apporter de la douceur au moyen de portage. Suivant la composition de l'écharpe ou du sling, le rodage sera plus ou moins rapide.

Voici maintenant des fiches synthétiques sur chaque moyen de portage, afin de vous aider à percevoir leurs conditions d'utilisation, leurs avantages ou encore leurs limites.
Les prix mentionnés sont à titre indicatif et les marques citées pour chaque outil ne sont pas exhaustives. Les tranches d'âge indiquées dans « utilisation optimale » restent subjectives et il est le plus souvent possible d'utiliser les outils présentés avant ou après les âges mentionnés : le confort du porteur ou l'installation de l'enfant seront simplement plus approximatifs.

3.

FICHES COMPARATIVES SUR LES MOYENS DE PORTAGE

J'ai des difficultés à installer mon bébé en portage car il bouge beaucoup pendant l'installation.

Dans cette partie, vous trouverez des pas-à-pas de nœuds et une illustration en vidéo de certains d'entre eux, accessible en flashant un QR Code. Ils ne remplacent pas l'accompagnement par un professionnel du portage. Ils sont plutôt destinés à vous permettre de visualiser certaines possibilités d'installation. Le choix a été fait de sélectionner des vidéos avec de vrais bébés et non des poupons de portage à chaque fois que cela a été possible, pour leur côté réaliste afin de vous aider à vous projeter.

Quel que soit l'outil de portage que vous utiliserez, il arrive fréquemment que les bébés – d'autant plus quand ils grandissent – aient envie de bouger pendant qu'ils sont installés. Vous verrez que c'est parfois le cas dans les vidéos proposées, qui sont issues de moments du quotidien où l'enfant n'est parfois pas toujours disposé.

Quelques explications complémentaires aux pas-à-pas et aux vidéos d'illustration :

- Tant que l'installation n'est pas entièrement terminée, il est nécessaire de garder une main derrière son bébé pour assurer sa sécurité.
- Quel que soit le moyen de portage utilisé, les mains du bébé sont à positionner près de son visage pour l'aider à s'enrouler.
- Les écharpes de portage possèdent une étiquette, placée au-milieu de l'écharpe. Lorsqu'il est indiqué de prendre le milieu de l'écharpe, il suffit alors de repérer l'étiquette.
- Lorsque vous manipulez votre écharpe de portage, travaillez toujours avec la lisière haute. Cela évite de vriller le tissu.
- Quand vous remontez du tissu jusqu'à la nuque de votre bébé, en écharpe ou en sling, le surplus doit rester dans le creux de ses genoux.
- Certains nœuds d'écharpe nécessitent la réalisation d'une volte fermée. Elle permet de créer des lignes de tension dans la diagonale du tissu et de dégager les voies respiratoires de votre bébé. Je vous explique en page suivante comment réaliser une volte fermée lorsque le pan tombe verticalement dans votre dos.

VOLTE FERMÉE

Passez sous le pan la main située du côté où vous souhaitez réaliser la volte.

Attrapez l'ourlet situé près de la nuque de votre bébé.

Tirez le tissu en le passant sous le pan pour qu'il ressorte retourné sur votre épaule.

Déployez le morceau de tissu sur votre épaule.

La volte forme une manche courte sur votre épaule.

L'ÉCHARPE TRICOTÉE

DESCRIPTION	• Tissu tricoté mesurant environ 5 mètres de long
POIDS HOMOLOGUÉ	• 3 à 15 kg selon les modèles
POSITION DE PORTAGE	• Sur le ventre ou sur la hanche • De rares modèles suffisamment larges permettent le portage dos
INSTALLATION	• Nœud, avec au minimum deux couches de tissu sur le dos du bébé
UTILISATION OPTIMALE	• Les premiers mois de vie
CONTEXTE	• En extérieur quand il fait frais • En intérieur • Pour du portage « longue durée »
AVANTAGES	• Effet cocon comme une seconde peau • Nœud préinstallé réalisable avec les écharpes tricotées contenant de l'élasthanne et élastiques dans la longueur • Quand il fait froid, ces écharpes tiennent chaud
LIMITES	• Nœud qui peut paraître complexe à apprendre pour un porteur débutant • Serrage précis nécessaire pour assurer un bon maintien du bébé • Effet plaquant des épaisseurs, inconfortable pour certains bébés et/ou parents • « Effet rebond » quand l'enfant grandit ce qui limite sa durée d'utilisation dans le temps • Pans qui traînent par terre lors d'une installation en extérieur suivant le nœud réalisé
MARQUES	• Avec élasthanne : Love radius, Boba wrap, Coracor, Isara • Sans élasthanne : Babylonia
PRIX NEUF	• Entre 60 et 80 €

LE PETIT CONSEIL DE LA MONITRICE DE PORTAGE

Pour serrer une écharpe tricotée, il est nécessaire d'aller chercher le tissu à la main pour lui permettre de s'ajuster tout autour du corps du bébé. En effet, si l'on tire simplement dessus, du fait de l'élasticité de l'écharpe, il ne va pas se tendre correctement.

ENVELOPPÉ CROISÉ FAÇON DOUBLE HAMAC

Le début de ce nœud est identique au nœud « enveloppé croisé » détaillé pages 98-99 à une exception près si votre écharpe est élastique dans la longueur. En effet, dans ce cas, ne laissez pas de place pour votre bébé, il suffira de tirer sur l'écharpe et l'élasticité du tissu permettra de glisser votre bébé.

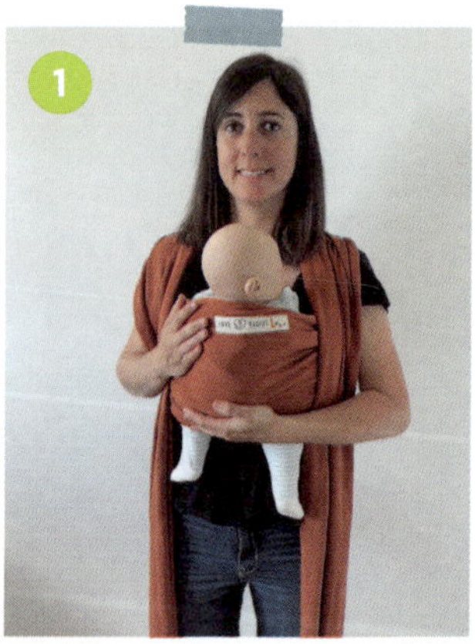

Réalisez les étapes 1 à 8 du nœud « enveloppé croisé » (voir pages 98-99).

Repérez le pan du dessous et déployez-le sur votre épaule.

Sur ce pan, réalisez une volte fermée en retournant le pan déployé.

Étalez le tissu sur le dos en couvrant ses deux épaules et en laissant le surplus sous ses fesses.

Faites passer le tissu à plat dans votre dos.

Coincez ce pan serré entre vos jambes et prenez l'autre pan.

En revanche, contrairement au nœud « enveloppé croisé », une seule couche de tissu sur le dos du bébé n'est pas suffisante. Il est impératif de rajouter deux couches sur le dos du bébé pour que ce soit sécuritaire.

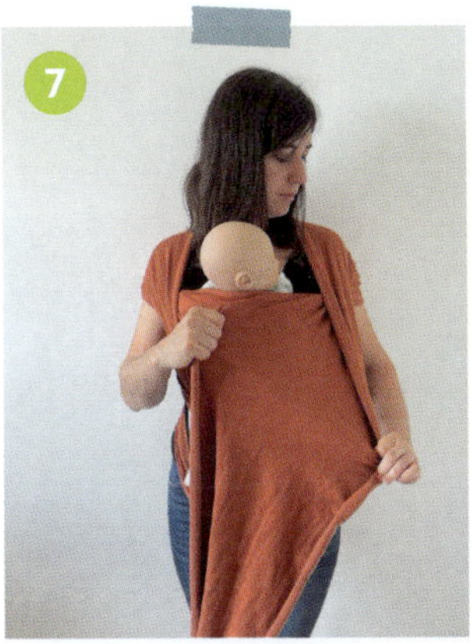

Déployez-le sur l'autre épaule et réalisez une volte fermée en retournant le pan déployé.

Étalez le tissu sur le dos de votre bébé en couvrant ses deux épaules et en laissant le surplus sous ses fesses.

Faites passer le tissu à plat dans votre dos.

Récupérez les deux pans dans vos mains.

Croisez les deux pans sous les fesses de votre bébé et réalisez un twist .

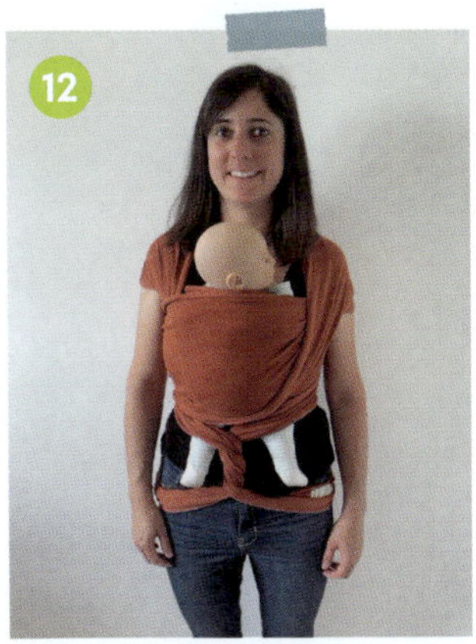

Faites un double nœud dans votre dos.
Bon portage !

DOUBLE HAMAC

Ce nœud semi-suspendu offre une bonne contenance au bébé. Il est possible de le réaliser sur mesure avec ou sans le bébé dans les bras dès le départ, ou de le préinstaller partiellement.

Placez le milieu de l'écharpe dans votre dos.

Remontez un des pans devant vous en corde sur votre épaule et coincez l'autre entre vos jambes.

Prenez votre bébé et glissez dans le creux de ses genoux le pan qui remonte sur votre épaule.

Laissez-lui le temps de se positionner, genoux plus hauts que les fesses, et remontez doucement le tissu jusqu'à sa nuque.

Réalisez une volte fermée sur votre épaule. (cf.détail p.90)

Allez chercher le pan dans votre dos et ramenez-le devant vous en tirant sur le tricot pour le tendre sur le dos de votre bébé.

7

Coincez-le entre vos jambes pour maintenir le serrage et prenez l'autre pan.

8

Glissez-le en corde dans le creux des genoux de votre bébé et remontez-le sur votre épaule.

9

Remontez doucement le tissu jusqu'à sa nuque et réalisez une volte fermée sur votre épaule. (cf.détail p.90)

10

Ramenez le pan devant vous en le tendant.

11

Croisez les deux pans sous les fesses de votre bébé.

12

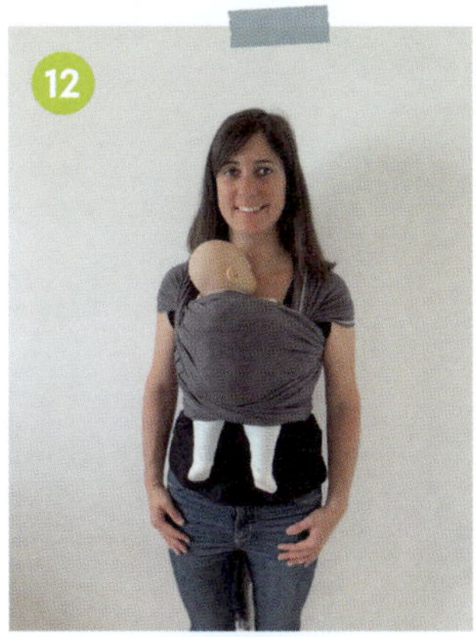

Faites un double nœud dans votre dos. Bon portage !

L'ÉCHARPE TISSÉE

DESCRIPTION	• Tissu tissé en sergé simple, sergé brisé ou jacquard mesurant entre 2m70 et 5m60
POIDS HOMOLOGUÉ	• 3 à 18 kg selon les modèles
POSITION DE PORTAGE	• Sur le ventre, sur la hanche ou sur le dos
INSTALLATION	• Nœud, réalisable en simple couche ou en double couche
UTILISATION OPTIMALE	• Dès la naissance
CONTEXTE	• En intérieur ou en extérieur • Par temps chaud, cela limite l'apport de chaleur • Pour allaiter
AVANTAGES	• Maintien du bébé optimal grâce à un serrage pli par pli • En comparaison à l'écharpe tricotée, nœud plus simple à réaliser • Polyvalente : en fonction du nœud, possible de porter un nouveau-né comme un bambin • Nombreux nœuds possibles offrant des sensations de portage variées • Certaines finitions facilitent l'allaitement de l'enfant
LIMITES	• Difficile de choisir un modèle car il en existe beaucoup avec des tailles diverses • Nécessaire d'apprendre les différentes étapes de réalisation d'un nœud • Pans qui peuvent traîner par terre pendant l'installation suivant la taille de l'écharpe et le nœud réalisé
MARQUES	• Neobulle, Little Frog, Lennylamb, Be Lenka, Yaro, Didymos, Oscha, La Ruche Leora
PRIX NEUF	• À partir de 65 €

LE PETIT CONSEIL DE LA MONITRICE DE PORTAGE

Pour porter un nouveau-né en écharpe tissée, les nœuds avec une seule couche de tissu suffisent pour que le portage soit confortable dans la durée. Quand l'enfant va grandir, le porteur sera souvent plus à son aise en réalisant un nœud comportant une deuxième épaisseur de tissu.

Avec un nouveau-né et en fonction de la longueur de l'écharpe utilisée, plusieurs finitions sont possibles avant de réaliser le double nœud final :

- **En post-accouchement, réaliser un twist, c'est à dire tourner plusieurs fois le tissu en allant vers le bas et en s'éloignant des pieds du bébé a pour incidences positives de fixer le serrage, de ne pas repasser sur les jambes du bébé et d'exercer une pression moindre sur le périnée fragile de la maman qui vient de donner la vie.**
- **Vous pouvez également croiser les pans sous les fesses du bébé, puis passer le tissu dans le creux de ses genoux. Par contre évitez de positionner le tissu sous les jambes du bébé après avoir croisé sous ses fesses car cela a pour effet de désaxer sa jambe, qui va se décoller du corps du porteur. Cela ne va pas favoriser l'agrippement du bébé.**

Réaliser un twist avec mon bébé de 2 semaines me permet d'aller nouer en appui sur mes hanches (ici, en écharpe tricotée).

Ma rééducation du périnée étant faite, je croise directement les pans de l'écharpe tissée dans le creux des genoux de mon bébé.

ENVELOPPÉ CROISÉ

Ce nœud est assez plaquant, mais peut rassurer les porteurs débutants puisqu'une partie de l'installation se fait sans le bébé dans les bras.

Placez le milieu de l'écharpe au-dessus de votre poitrine

Faites passer le tissu à plat dans votre dos pour créer une bretelle sur l'épaule opposée.

Faites de même de l'autre côté pour former une deuxième bretelle.

Les pans de l'écharpe se croisent dans votre dos et tombent devant vous.

Regroupez le tissu pour former une corde en laissant la place d'accueillir votre bébé.

Prenez votre bébé dans vos bras et placez-le sur votre épaule.

Glissez votre main sous le tissu et placez la corde dans le creux des genoux de votre bébé.

Laissez-lui le temps de se positionner, genoux plus hauts que les fesses, et remontez doucement le tissu jusqu'à sa nuque.

Serrez pli par pli la bretelle la plus en dessous (c'est la première que vous avez créée et c'est donc celle qui touche votre dos).

Bloquez la bretelle que vous venez de tendre pour maintenir la tension et serrez la deuxième bretelle.

Croisez les deux bretelles sous les fesses de votre bébé et passez-les dans le creux de ses genoux.

Faites un double nœud dans votre dos.
Bon portage !

KANGOUROU

Ce nœud en suspension sur les épaules du porteur permet de limiter les pressions sur son périnée. Sa réalisation est souvent jugée un peu plus technique que celle de l'enveloppé croisé.

Placez le milieu de l'écharpe devant vous et posez les pans par-dessus vos épaules pour former une corde.

Prenez votre bébé dans vos bras et placez-le sur votre épaule.

Glissez votre main sous le tissu et placez la corde dans le creux des genoux de votre bébé.

Laissez-lui le temps de se positionner, genoux plus hauts que les fesses, et remontez doucement le tissu jusqu'à sa nuque.

Assurez-vous que le tissu soit lisse sur son dos. Réalisez une volte fermée sur chacune de vos épaules (cf. détail p.90).

Passez une main sous les pans dans votre dos et allez chercher l'ourlet le plus éloigné.

Ramenez cet ourlet devant vous.

Serrez pli par pli pour créer plusieurs lignes de tension.

Bloquez le pan dans une main pour maintenir le serrage.

Faites de même avec l'autre pan : ramenez-le devant vous et serrez pli par pli.

Croisez les deux pans sous les fesses de votre bébé et réalisez un twist.

Faites un double nœud dans votre dos. Bon portage !

LE SLING
(OU *RING SLING*)

DESCRIPTION	• Courte écharpe d'environ 2 mètres sur laquelle deux anneaux sont cousus à une extrémité
POIDS HOMOLOGUÉ	• 3 à 15 kg selon les modèles
POSITION DE PORTAGE	• Sur le ventre ou sur la hanche • En appoint sur le dos
INSTALLATION	• Asymétrique, pas de nœud, mais un serrage précis à réaliser
UTILISATION OPTIMALE	• Dès la naissance
CONTEXTE	• En intérieur ou en extérieur • Pour un portage de plus ou moins longue durée suivant le confort du porteur • Pour allaiter
AVANTAGES	• Pas de pan qui traîne par terre pendant l'installation • Peut s'emporter partout car il occupe peu de place • S'installe et se désinstalle rapidement ; pratique pour un bambin qui alterne marche et portage • Aucun nœud à réaliser ce qui est rassurant pour certains porteurs • Permet un large champ de vision à l'enfant • Très peu de manipulations supplémentaires pour allaiter son bébé
LIMITES	• Poids du bébé peu réparti sur le corps du porteur • Inconfort au-delà d'un certain poids de l'enfant porté ou d'une certaine durée de portage • Le tissu qui englobe l'épaule porteuse peut gêner certains mouvements de bras
MARQUES	• Sling tissé : Neobulle, Little Frog, Lennylamb, Be Lenka, Yaro, Didymos, Oscha, La Ruche Leora, Bud and Blossom • Sling tricoté : PESN de Love Radius, Mysling de Neobulle
PRIX NEUF	• À partir de 65 €

LE PETIT CONSEIL DE LA MONITRICE DE PORTAGE

L'apparente simplicité du sling en raison de l'absence de nœuds à réaliser en fait un outil plébiscité par de nombreux parents. Il nécessite néanmoins une certaine pratique pour que l'installation soit confortable et sécuritaire. L'étape dite « de la corde » avant de remonter le tissu sur le dos du bébé est indispensable. Il s'agit de glisser le tissu en corde dans le creux des genoux de l'enfant et de laisser ses fesses « tomber » derrière, plus basses que ses genoux. Certains bébés se positionneront ainsi presque instantanément alors que d'autres auront besoin d'être davantage accompagnés. Être en mouvement pendant l'installation ou se balancer à 360 degrés peut faciliter le positionnement du bébé.

Une main en soutien derrière mon bébé pendant l'étape de la corde

5 QR CODE ASTUCES D'INSTALLATION SUR 5 DIFFICULTÉS FRÉQUENTES :

1. Je n'arrive pas à réaliser une assise profonde en sling, mon bébé me semble trop droit.
2. J'ai des difficultés à serrer mon sling et je ne sens pas mon bébé bien maintenu.
3. Quand j'installe mon bébé en sling, sa tête part en arrière.
4. Mes anneaux se retrouvent très bas quand j'ai terminé d'installer mon enfant dans le sling.
5. Le pan du sling qui pend devant moi est trop long et me gêne.

SLING

LE MONTAGE DU SLING

À réception de votre sling, vous devrez le monter dans les anneaux. Puis, l'intérêt de ce moyen de portage est de pouvoir être enfilé directement sans avoir à le remonter à chaque utilisation.

Placez les anneaux sur l'épaule opposée au côté où vous voulez positionner votre bébé.

Passez votre main dans votre dos et prenez la lisière haute.

Faites-la passer sous votre aisselle.

Glissez-la dans les anneaux.

Écartez les anneaux et repassez-la entre les anneaux.

Votre sling est prêt à être utilisé.

L'ENFILAGE DU SLING

Nous avons souvent un côté préférentiel pour porter en sling, mais si vous le pouvez, portez de temps en temps de l'autre côté afin que votre bébé mobilise les deux côtés de son corps.

Choisissez le côté où vous voulez positionner votre bébé

Tenez de ce côté et devant vous les anneaux de votre sling avec le pan libre vers l'avant.

Donnez-le à votre autre main.

Glissez le bras libre dans le sling.

Glissez votre tête dans le sling.

Positionnez les anneaux sur votre épaule.

L'INSTALLATION DU SLING

Enfilez votre sling et placez les anneaux hauts sur votre épaule.

Tirez sur le tissu situé entre les anneaux pour former une fleur.

Répartissez uniformément le tissu entre les anneaux en veillant à ce que chaque lisière soit à chaque extrémité.

Regroupez le tissu pour former une corde et laissez la place d'accueillir votre bébé.

Prenez votre bébé dans vos bras et placez-le sur l'épaule opposée aux anneaux.

Glissez votre main sous le tissu et placez la corde dans le creux des genoux de votre bébé.

Laissez-lui le temps de se positionner, genoux plus hauts que les fesses, et attrapez sous votre aisselle la lisière du haut.

Remontez doucement le tissu jusqu'à sa nuque.

Pour serrer le sling, allez chercher sous votre aisselle le surplus de tissu au-niveau de la lisière du haut et ramenez-le proche des anneaux.

Tirez sur le pan en direction de votre bébé et en soulevant ses fesses.

Puis, tirez sur le pan de tissu tous les 10 centimètres environ afin de tendre tout le sling.

Votre sling est installé. Bon portage !

LE PORTE-BÉBÉ À CLIPS

(OU PORTE-BÉBÉ PRÉFORMÉ)

DESCRIPTION	• Un tablier préformé dans lequel l'enfant est installé, deux bretelles et une ceinture à clip
POIDS HOMOLOGUÉ	• 3 à 29 kg selon les modèles
POSITION DE PORTAGE	• Principalement sur le ventre ou sur le dos • Et sur la hanche pour certains modèles
INSTALLATION	• Pas de nœud, installation de l'enfant dans le tablier
UTILISATION OPTIMALE	• Dès quelques mois à 6 ans selon les modèles • Différentes tailles : babysize, standard, toddler, preschool
CONTEXTE	• En intérieur ou en extérieur • Besoin d'installer rapidement son enfant • Pour du portage de courte ou longue durée • Pour allonger la durée de promenade lorsque l'enfant est fatigué de marcher
AVANTAGES	• Pas de pan qui traîne par terre pendant l'installation • S'installe et se désinstalle rapidement • Aucun nœud à réaliser, ce qui peut être rassurant • La majorité des modèles est évolutive • Très peu de manipulations supplémentaires pour allaiter son bébé • Installation sur le dos plus rassurante qu'avec une écharpe car l'assise est déjà préformée
LIMITES	• Préférable d'essayer car tous les modèles ne conviennent pas à toutes les morphologies de porteur • Si plusieurs personnes l'utilisent, nécessité de refaire certains réglages à chaque changement d'utilisateur • Portage dans le dos parfois relativement bas
MARQUES	• Didymos, Lennylamb, Little Frog, Love Radius, Love & Carry, Monilu, Neko, Neobulle, Ptitsy Moloko
PRIX NEUF	• Entre 100 et 150 €

Le conseil en plus

PORTE-BÉBÉ SUR LE VENTRE

Si votre porte-bébé a une assise réglable, réglez-la au préalable à la dimension correspondant environ à l'écart de hanches de votre bébé.

Clipsez la ceinture ventrale.

Prenez votre bébé, positionnez-le dans le tablier.

Remontez le tablier sur son dos.

Enfilez les deux bretelles.

Accrochez le clip situé en haut de votre dos.

Serrez en tirant sur les différentes sangles. Bon portage !

LE *MEH DAI*

DESCRIPTION	• Un tablier en tissu, une ceinture et deux bretelles à nouer
POIDS HOMOLOGUÉ	• 3 à 18 kg selon les modèles
POSITION DE PORTAGE	• Sur le ventre, sur la hanche ou sur le dos
INSTALLATION	• Installation de l'enfant dans le tablier, puis bretelles à nouer
UTILISATION OPTIMALE	• Dès quelques mois à 6 ans selon les modèles • Différentes tailles : babysize, standard, toddler
CONTEXTE	• Installation en intérieur • Installation en extérieur lorsqu'il fait beau (longs pans qui touchent le sol) • Confort de l'écharpe recherché, mais souhait d'une assise préformée • Pour du portage de longue durée
AVANTAGES	• Combine le confort de l'écharpe et la rapidité d'installation du porte-bébé à clips • Ajustement précis sur le dos du bébé grâce au tissu d'écharpe • Installation sur le dos plus rassurante qu'avec une écharpe car l'assise est déjà préformée • Possibilité de porter haut dans le dos • Portage plus aéré qu'une écharpe, l'air pouvant circuler sur les côtés du tablier • S'adapte à des porteurs de gabarits différents
LIMITES	• Nécessaire de réaliser un serrage précis pour assurer confort et maintien satisfaisant de l'enfant • Vigilance à avoir quand on desserre les nœuds pour ne pas confondre celui de la ceinture et celui des bretelles • Pans qui traînent sur le sol pendant l'installation
MARQUES	• Didymos, Fidella, Monilu, Neko, Ptitsy Moloko
PRIX NEUF	• Entre 100 et 150 €

LE PETIT CONSEIL DE LA MONITRICE DE PORTAGE

En portage dos, il est possible de libérer complètement le ventre du porteur en repassant les pans de la ceinture dans les bretelles.

LE *MEH DAI* HYBRIDE

DESCRIPTION	• Un tablier en tissu, une ceinture à clip et deux bretelles à nouer
POIDS HOMOLOGUÉ	• 3 à 30 kg selon les modèles
POSITION DE PORTAGE	• Sur le ventre, sur la hanche ou sur le dos
INSTALLATION	• Installation de l'enfant dans le tablier, puis bretelles à nouer
UTILISATION OPTIMALE	• Dès quelques mois à 6 ans selon les modèles • Différentes tailles : babysize, standard, toddler
CONTEXTE	• Installation en intérieur • Installation en extérieur lorsqu'il fait beau (longs pans qui touchent le sol) • Confort de l'écharpe recherché, mais souhait d'une installation rapide • Pour du portage de longue durée
AVANTAGES	• Combine le confort de l'écharpe et la rapidité d'installation du porte-bébé à clips • Ajustement précis sur le dos du bébé grâce au tissu d'écharpe • Installation sur le dos plus rassurante qu'avec une écharpe car l'assise est déjà préformée • Portage plus aéré qu'une écharpe, l'air pouvant circuler sur les côtés du tablier
LIMITES	• Nécessaire de réaliser un serrage précis pour assurer confort et maintien satisfaisant de l'enfant • Pans qui traînent sur le sol pendant l'installation • La ceinture à clip limite la hauteur en portage dos
MARQUES	Didymos, Isara, Lennylamb, Little Frog, Monilu, Ptitsy Moloko.
PRIX NEUF	• Entre 100 et 150 €

LE PETIT CONSEIL DE LA MONITRICE DE PORTAGE

La ceinture à clip du *meh dai* hybride permet de n'avoir qu'un seul nœud à réaliser, celui des bretelles. Sa prise en main s'approche donc un peu plus d'un porte-bébé à clips que d'un *meh dai* avec ceinture à nouer. Cependant, gardez à l'esprit que la manipulation la plus importante dans un *meh dai* est le serrage des deux bretelles.

MEH DAI

Si votre *meh dai* a une assise réglable, réglez-la au préalable à la dimension correspondant environ à l'écart de hanches de votre bébé.

1 Nouez la ceinture ventrale.

2 Prenez votre bébé dans vos bras et positionnez-le dans le tablier.

3 Remontez le tissu sur son dos.

4 Placez les pans sur vos épaules pour former deux bretelles.

5 Les pans tombent verticalement dans votre dos.

6 Passez une main sous les pans dans votre dos et allez chercher le pan le plus éloigné.

Ramenez ce pan devant vous et tirez vers le bas et vers l'arrière pour le serrer.

Maintenez le pan serré avec une main.

Allez chercher le deuxième pan dans votre dos.

Ramenez-le devant vous et tirez vers le bas et vers l'arrière pour le serrer.

Croisez les deux bretelles sous les fesses de votre bébé.

Faites un double-nœud dans votre dos.
Bon portage !

L'*ONBUHIMO* SAC À DOS

(DIT *ONBUHIMO SAD*)

DESCRIPTION	• Un tablier en tissu et deux bretelles à clips
POIDS HOMOLOGUÉ	• 6 à 30 kg selon les modèles
POSITION DE PORTAGE	• Principalement sur le dos • Possible sur le ventre
INSTALLATION	• Pas de nœud ; passage des jambes de l'enfant dans les bretelles et enfilage
UTILISATION OPTIMALE	• À partir de 1 an • Différentes tailles : toddler, preschool
CONTEXTE	• Installation d'un enfant qui se tient debout • Pour du portage de courte durée • Pour allonger la durée de promenade lorsque l'enfant est fatigué de marcher
AVANTAGES	• Rapidité et facilité d'installation • Pas de pression sur le ventre • Compact et léger, occupe peu de place • Portage haut dans le dos • Portage aéré, agréable par temps chaud
LIMITES	• Poids qui repose exclusivement sur les épaules du porteur
MARQUES	• Buzzidil, Fidella, Lennylamb, Neko
PRIX NEUF	• Entre 90 et 120 €

LE PETIT CONSEIL DE LA MONITRICE DE PORTAGE

Pour installer son enfant, il est souvent plus aisé de l'asseoir dans l'*onbuhimo* sur un canapé, une chaise ou un banc, que de le soulever du sol. Le porteur n'a alors plus qu'à glisser ses bras dans les bretelles et à réaliser le serrage.

LES AIDES AU PORTAGE À BRAS / LES FILETS

DESCRIPTION	• Tissu en forme de tube
POIDS HOMOLOGUÉ	• 6 à 15 kg selon les modèles
POSITION DE PORTAGE	• Sur le ventre ou sur la hanche
INSTALLATION	• Pas de nœud, installation de l'enfant dans le filet
UTILISATION OPTIMALE	• À partir de 6 mois
CONTEXTE	• Pour du portage de courte durée • Besoin d'installer rapidement son enfant • En intérieur ou en extérieur • En été, à la plage ou à la piscine • Pour allaiter ou répondre à un besoin de câlin et de contact
AVANTAGES	• Rapidité et facilité d'installation • Léger, occupe peu de place • Portage aéré, idéal par temps chaud
LIMITES	• Ne libère qu'un bras, l'autre devant rester derrière l'enfant pour le sécuriser • Poids du bébé peu réparti sur le corps du porteur • Inconfort au-delà d'une certaine durée de portage • Sur les modèles à taille : – pas toujours facile de choisir celle adaptée à sa morphologie – si les parents ont des gabarits différents, nécessité d'acheter plusieurs tailles
MARQUES	• Hop'la de Neobulle et Easy Sling Wacotto de Lucky : taille définie • Tonga fit de Tonga : taille réglable
PRIX NEUF	• Entre 35 et 55 €

LE PETIT CONSEIL DE LA MONITRICE DE PORTAGE

Déployez bien le tissu sur votre épaule porteuse afin d'éviter la sensation de cisaillement qui rendrait le portage inconfortable.

COMPARATIF DES DIFFÉRENTS MOYENS DE PORTAGE

Pour porter son bébé, différents outils existent et chaque porteur va avoir sa préférence. Ce qui paraît simple pour certains paraîtra plus compliqué pour d'autres et la facilité d'utilisation d'un outil viendra avec la pratique. Néanmoins, quand on débute dans le portage, il peut être intéressant de visualiser les différences entre les moyens de portage existants. Les âges d'utilisation sont donnés à titre indicatif, les moyens de portage pouvant être utilisés tant que l'enfant et le porteur se sentent confortables. Les marques citées ne sont pas exhaustives, il en existe beaucoup d'autres qui proposent d'excellents moyens de portage, mais un choix restreint a été fait pour davantage de lisibilité. Voici donc une synthèse en un coup d'œil qui peut vous aider à vous y retrouver.

	ÂGE D'UTILISATION	LIEU DE POSITIONNEMENT DU BÉBÉ	RÉPARTITION DU POIDS	TAILLE	UTILISATION IDÉALE POUR UNE DURÉE DE PORTAGE...
ÉCHARPE TRICOTÉE	De la naissance à 1 an	Ventre Hanche	Symétrique ou asymétrique (suivant le nœud)	Unique	Longue
ÉCHARPE TISSÉE	Dès la naissance	Ventre Hanche Dos	Symétrique ou asymétrique (suivant le nœud)	Variable	Longue
SLING TRICOTÉ	De la naissance à 1 an	Ventre Hanche	Asymétrique	Unique	Courte ou longue (suivant la sensibilité du porteur)
SLING TISSÉ	Dès la naissance	Ventre Hanche Dos (en appoint)	Asymétrique	Unique	Courte ou longue (suivant la sensibilité du porteur)
PORTE-BÉBÉ À CLIPS	Dès la naissance (en fonction du modèle)	Ventre Dos	Symétrique	Variable	Longue
MEH DAI	Dès la naissance (en fonction du modèle)	Ventre Hanche Dos	Symétrique ou asymétrique (suivant l'installation)	Variable	Longue
MEH DAI HYBRIDE	Dès la naissance (en fonction du modèle)	Ventre Hanche Dos	Symétrique ou asymétrique (suivant l'installation)	Variable	Longue
ONBUHIMO	À partir de 1 an	Dos	Symétrique	Variable	Courte ou longue
AIDE AU PORTAGE À BRAS	À partir de 6 mois	Ventre Hanche	Asymétrique	Variable	Courte

	AVANTAGES	INCONVÉNIENTS	DURÉE D'INSTALLATION	COÛT NEUF EN MOYENNE	MARQUES
ÉCHARPE TRICOTÉE	• Effet cocon • Tient chaud l'hiver	• Nœud à apprendre • Effet plaquant qui ne convient pas à tous les bébés et/ou porteurs • Tient chaud l'été	+++	70 €	Boba Love Radius Neobulle
ÉCHARPE TISSÉE	• Polyvalente • Confortable	• Nœud à apprendre	++	80 €	Lennylamb Little Frog Neobulle
SLING TRICOTÉ	• Compact • Pas de nœud • Effet cocon • Allaitement facilité	• Moins soutenant quand le bébé grandit • Inconfort possible dû à l'asymétrie du moyen de portage	++	65 €	Love Radius Neobulle
SLING TISSÉ	• Compact • Pas de nœud • Allaitement facilité	• Parfois rêche quand il est neuf • Inconfort possible dû à l'asymétrie du moyen de portage	++	65 €	Bud and Blossom Little Frog Neobulle
PORTE-BÉBÉ À CLIPS	• Pas de nœud • Rapidité d'installation	• Tous les modèles ne conviennent pas à toutes les morphologies	+	140 €	Be Lenka Love Radius Neobulle Bud and Blossom
MEH DAI	• Confort proche de celui de l'écharpe • Portage haut dans le dos	• Longs pans qui traînent par terre pendant l'installation	++	140 €	Fidella Monilu Ptitsy Moloko
MEH DAI HYBRIDE	• Confort proche de celui de l'écharpe et rapidité d'installation du préformé	• Longs pans qui traînent par terre pendant l'installation	++	140 €	Lennyamb Little Frog Neko
ONBUHIMO	• Compact • Pas de pression sur le ventre du porteur	• Poids supporté uniquement par les épaules du porteur	+	100 €	Buzzidil Fidella Lennylamb
AIDE AU PORTAGE À BRAS	• Compact • Aéré	• Ne libère qu'un bras	+	50 €	Lucky Neobulle Tonga

Dans les trois premières parties de ce livre nous avons détaillé les principes généraux pour porter son enfant, mais certaines situations particulières peuvent nécessiter des ajustements. Peut-on porter un bébé souffrant de reflux gastro-œsophagien ? Existe-t-il des techniques pour continuer à porter son aîné en étant enceinte ? Comment porter des jumeaux ? Allaiter en portage, est-ce possible ? Le portage et le handicap du parent ou de l'enfant sont-ils compatibles ? C'est ce que nous allons aborder dans cette partie, que nous clôturerons par la réponse à vos questions les plus fréquentes liées au portage des bébés.

4.

PARTICULARITÉS & QUESTIONS RÉPONSES FRÉQUENTES

1

Porter un bébé souffrant de reflux gastro-œsophagien

QU'EST-CE QUE LE REFLUX GASTRO-ŒSOPHAGIEN ?

Le reflux gastro-œsophagien (RGO) correspond au passage involontaire et par intermittence dans l'œsophage d'un liquide contenu dans l'estomac (chez le bébé, c'est le lait).

Si cette remontée de liquide acide dans l'œsophage a lieu à de nombreuses reprises, cela devient douloureux pour le bébé, car les parois de l'œsophage, contrairement à celles de l'estomac, ne sont pas conçues pour résister à l'acidité. Il en résulte une inflammation de l'œsophage et beaucoup de pleurs liés à cet inconfort.

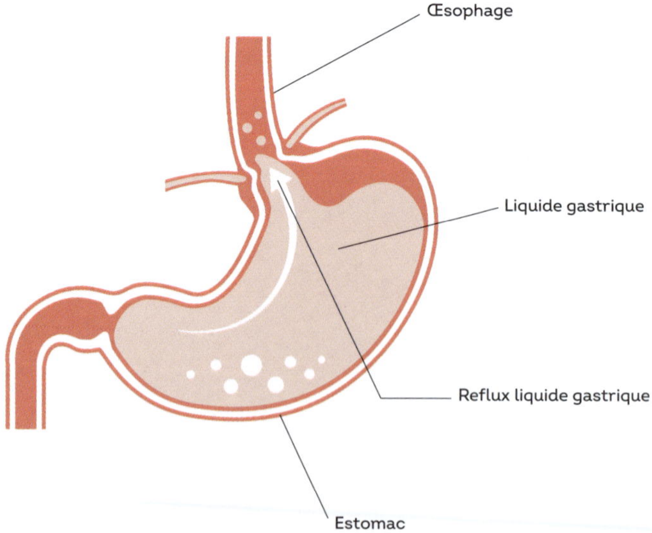

Le reflux gastro-œsophagien peut être externe et se traduire par des régurgitations, ou interne et dans ce cas plus difficile à diagnostiquer du fait de son invisibilité.

Seul un professionnel de santé peut diagnostiquer un RGO, mais différents symptômes peuvent alerter :

– **Le bébé est agité lorsqu'il tête ou lorsqu'il boit son biberon.**

– **Il régurgite fréquemment, notamment après les repas.**

– **Il pleure de nombreuses heures de la journée** et ses pleurs sont difficilement consolables.

– **Il hoquette ou tousse fréquemment.**

– **Lorsqu'il est porté dans les bras, il peut se tendre** et se jeter en arrière.

– **Son haleine sent le lait caillé.**

– **Allongé sur le dos, il montre des signes d'inconfort,** mais il se calme dès qu'il est positionné verticalement.

BON À SAVOIR

De nombreux bébés vont avoir des régurgitations de temps en temps, dues à l'immaturité de leur système digestif et signes d'un reflux physiologique normal, sans qu'ils ne souffrent de RGO.

COMMENT LE PORTAGE PEUT-IL AIDER À APAISER LES BÉBÉS SOUFFRANT DE RGO ?

Les bébés souffrant de RGO sont en souffrance physique, ce qui a pour conséquence des difficultés d'enroulement. La majorité de ces bébés a tendance à partir en hyperextension et à se jeter vers l'arrière, car cette position serait « antalgique ». Elle évite les pressions sur leur estomac, mais accentue le reflux et donc l'inconfort. C'est un cercle vicieux, mais il est possible d'aider le bébé à s'enrouler petit à petit, ce qui favorisera son développement psychomoteur et l'aidera à lutter contre son reflux.

Le portage dans les bras a un impact sur le RGO. Il est important pour le bien-être de son bébé de favoriser au maximum des manipulations à bras lui permettant d'être dans le plus grand confort possible (cf. chapitre 2 : Les bases du portage physiologique p. 38) et d'éviter les compressions abdominales.

Souvent, les bébés souffrant de RGO ne supportent pas les pressions sur leur dos. Quand ils en sentent, ils ont tendance à partir vers l'arrière. Afin de vous aider dans votre installation en portage, n'hésitez pas à participer à un atelier avec un professionnel formé à ce sujet, qui pourra vous accompagner au mieux en observant votre bébé.

Quelques premiers conseils peuvent néanmoins vous être utiles quant aux outils pratiques pour porter votre bébé :

1. L'aide au portage à bras de type filet : cet outil englobe la base du bébé en laissant le haut de son dos libre de toute pression, ce qui en fait un outil intéressant. Vous pouvez commencer par porter une dizaine de minutes à la maison, après un repas, pour aider votre bébé à digérer et passer un moment de bercement agréable avec lui. Pensez à rester en mouvement pour l'aider à s'agripper et à se laisser aller contre vous.

2. Le sling : en proposant une position en asymétrie, afin de limiter le contact du tissu sur le dos du bébé. Soyez néanmoins vigilants si votre bébé a tendance à se raidir, afin de garantir sa sécurité.

3. Le nœud « kangourou » en portage ventral : en préinstallant la poche de tissu et en adaptant le nœud original en remplaçant les voltes fermées par des voltes ouvertes, c'est un nouage qui s'installe assez rapidement et qui ne plaque pas trop le bébé.

Le portage peut vraiment être d'une grande aide pour les bébés souffrant de RGO qui ont un fort besoin d'être rassurés par rapport à la douleur qu'ils ressentent dans leur corps et qu'ils n'ont pas la capacité de comprendre. Rencontrant souvent des difficultés à s'enrouler, ils ont tendance à se jeter en arrière lorsqu'ils sont pris dans les bras ; cela ne signifie pas qu'ils rejettent leurs parents ou qu'ils n'aiment pas être portés, même si ce comportement peut être difficile à recevoir émotionnellement, surtout dans une période où la fatigue est extrême. Utiliser le portage pour accompagner ces bébés à se sentir mieux dans leurs corps va petit à petit permettre de réduire leur inconfort et leurs pleurs, tout en apportant de l'apaisement à tous les membres de la famille. Patience et persévérance seront souvent nécessaires, mais les conséquences seront bénéfiques pour le bien-être de l'enfant et pour son développement psychomoteur.

2
Porter un aîné pendant une grossesse

Dans ce chapitre, je vais partager avec vous quelques indications générales sur le portage pendant la grossesse. Néanmoins, il est primordial de rester à l'écoute de son corps pendant cette période si particulière et d'échanger à ce sujet avec le professionnel de santé qui suit la grossesse, car certaines complications peuvent contre-indiquer la pratique du portage enceinte.

Lors du premier trimestre de grossesse, il est souvent possible de continuer à porter son aîné suivant le poids qu'il fait et si l'on y est habitué. Il est cependant courant de se sentir essoufflée plus rapidement puisque, dès les premières semaines de grossesse, le système cardio-vasculaire se modifie. Par contre, ce n'est pas le moment pour débuter le portage d'un enfant qui pèse déjà un certain poids si jusque-là le portage ne faisait pas partie de la pratique familiale. En effet, avoir une pratique de portage antérieure à la grossesse permet d'avoir un dos suffisamment musclé et de davantage maîtriser ses appuis, ce qui limite les risques de chute.

Plus la grossesse avance, plus le ventre va s'arrondir et plus les appuis dessus vont être inconfortables. Il est alors préférable de privilégier les installations sur le dos permettant de libérer le ventre de toute pression et dégageant le champ de vision de la maman.

Suivant les préférences personnelles de portage, les outils les plus adaptés sont :

1 ***L'onbuhimo :*** l'absence de ceinture ventrale en fait un moyen de portage souvent apprécié.

2 **Le *meh dai* :** en le nouant avec une finition poitrine, il permet de libérer totalement le ventre du porteur.

3 **L'écharpe tissée :** avec certains nouages adaptés au portage dos, les pans peuvent se bloquer uniquement dans les bretelles.

4 **Le sling :** il permet un portage sur la hanche et relativement haut. Cependant, plus la grossesse avance et plus l'enfant est grand, plus ce portage appuie sur le ventre et moins il est recommandé.

5 **Le pagne :** ce système de portage permet de porter sur le dos en prenant appui sur le buste. C'est un portage plutôt bas qui n'occasionne pas de pression sur le périnée.

L'onbuhimo, parfait pour aller admirer le soleil couchant après une journée de vacances bien remplie.

Porter enceinte, c'est donc souvent possible au moins les premiers mois, à condition de limiter la fréquence et la durée de portage et en privilégiant des outils libérant le ventre de toute pression. Même en restant à l'écoute de ses sensations corporelles, la grossesse entraîne des changements physiologiques dont il faut tenir compte afin de préserver son plancher pelvien et de ne pas risquer d'éventuelles blessures musculaires ou ligamentaires. En effet, tout au long de la grossesse, la relaxine, hormone permettant un assouplissement du corps afin de faciliter le passage du bébé, est sécrétée par les ovaires et par le placenta. Les dernières semaines, la quantité de relaxine augmente de façon importante en prévision de la naissance du bébé. Les articulations sont alors plus fragiles car les ligaments sont plus relâchés. Il est nécessaire d'en tenir compte, de se ménager et de ne pas porter de trop lourdes charges. N'hésitez pas à demander de l'aide à votre entourage pour éviter de trop solliciter votre corps.

BON À SAVOIR

Le mois d'or

Dans la culture traditionnelle chinoise, les femmes qui viennent de donner la vie limitent au maximum les efforts physiques dans les quarante jours qui suivent l'accouchement. Cette période appelée « le mois d'or » a pour but de permettre à la mère de retrouver sa vitalité, son corps ayant été très sollicité pendant 9 mois. Ce sont les femmes qui l'entourent qui vont se relayer pour préparer le repas, faire le ménage ou s'occuper de ses aînés, créant une bulle de bien-être autour d'elle. Le mois d'or est pratiqué dans différents pays du monde, que ce soit au Mexique, en Inde ou encore au Maghreb.

Dans notre pays, nous n'avons souvent pas la possibilité de rester au repos pendant un mois car nous devons gérer le quotidien sans le soutien d'une communauté présente autour de nous. Faites au mieux suivant le relai que vous pouvez avoir, en essayant de ralentir le rythme dès que cela est possible et de vous reposer. Vous méritez d'être entourée, il est normal d'être fatiguée dans cette période qui suit l'accouchement.

3
Porter des jumeaux

Quand on vit une grossesse gémellaire, de nombreuses questions apparaissent et souvent les parents se demandent s'il est possible de réaliser un portage double, c'est à dire d'utiliser un moyen de portage pour porter les deux bébés en même temps.

Nous allons voir dans ce chapitre qu'il est effectivement possible de proposer des installations en portage double, mais qu'il est d'abord préférable d'apprendre à porter un seul enfant. Maîtriser l'utilisation de l'outil en portage simple facilitera ensuite l'installation en portage double et il est intéressant de garder à l'esprit que les deux enfants n'auront pas forcément les mêmes besoins de portage en même temps. De plus, le portage double peut rapidement devenir assez physique, on peut donc envisager de porter les bébés à tour de rôle.

Savoir porter un seul bébé peut aussi permettre d'investir uniquement dans une poussette simple, en alternant le bébé porté et le bébé poussé. Les poussettes doubles sont onéreuses et occupent beaucoup d'espace en longueur ou en largeur suivant le modèle choisi, ce qui ne les rend pas pratiques dans tous les environnements.

Passés les premiers mois, un atelier de portage pour apprendre des techniques permettant de porter un bébé sur le dos facilite souvent la vie des parents, leur laissant les bras libres pour s'occuper de leur deuxième bébé (changement de couche, bain...) tout en répondant au besoin de contact du premier. Différentes installations en portage ventral peuvent être proposées, suivant la dynamique de portage envisagée.

1. EN PORTAGE STATIQUE À LA MAISON

MOYEN DE PORTAGE : UNE ÉCHARPE TISSÉE

Il est possible d'utiliser une seule écharpe de portage pour porter ses bébés chez soi, lorsque l'on se déplace peu, mais que les deux enfants veulent être dans les bras. L'enveloppé croisé en écharpe tissée est un nœud qui permet l'installation des deux bébés, chacun positionné autour d'un sein ou d'un pectoral. Il peut également être utilisé pour allaiter les enfants conjointement.

Ce nœud n'est cependant pas recommandé pour de longues balades puisque les deux bébés n'ayant pas le même tonus ni la même morphologie, l'ajustement restera approximatif. Il a également pour limite une installation et une désinstallation des deux bébés en même temps, bébés n'ayant pourtant pas forcément besoin des mêmes durées de portage.

2. EN PORTAGE DYNAMIQUE À L'EXTÉRIEUR

MOYEN DE PORTAGE : UNE ÉCHARPE TISSÉE

Avec une écharpe tissée, il est possible de créer deux anneaux indépendants l'un de l'autre, chaque bébé étant installé d'un côté. Cette installation a plusieurs avantages :

1. Il est possible de la préinstaller et de ne pas la défaire à chaque fois
2. Si l'un des deux bébés veut sortir du moyen de portage, nul besoin d'enlever l'autre bébé
3. Peu importe si les bébés ont des gabarits différents, chaque système ayant son propre serrage
4. L'allaitement en position ballon de rugby peut se faire facilement

MOYEN DE PORTAGE : DEUX SLINGS TISSÉS

Il peut être intéressant d'investir dans deux slings s'il y a deux parents qui souhaitent chacun porter un bébé. En cas de besoin, l'un des parents pourra également porter en même temps les deux bébés en utilisant sur lui les deux slings.

Pour cette installation, privilégiez des slings tissés plutôt que des slings tricotés, qui se détendent moins facilement quand l'ajustement est approximatif. Une fois les bébés installés, il est possible au besoin de sortir un bébé du sling sans avoir à enlever l'autre.

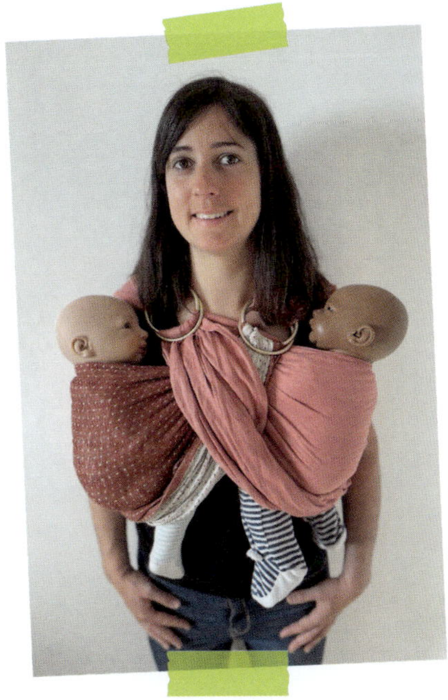

Témoignage de Camille

« J'ai énormément porté mon premier enfant et quand j'ai su que j'étais enceinte de jumelles, le portage m'a paru évident pour pouvoir continuer à m'occuper aussi de mon aînée. Je n'ai pas trouvé de monitrice de portage pour me conseiller en portage double, alors je me suis documentée et j'ai tâtonné pour trouver une installation qui me convienne. Mon combo portage double préféré est de loin l'utilisation conjointe de deux slings : faciles à installer, possibilité de mettre et d'enlever mes bébés indépendamment l'un de l'autre ou encore de les allaiter en même temps. Le portage double, c'est parfois fatigant, mais je sais que tout ceci reste un moment de ma vie et que, plus tard, je repenserai avec nostalgie à ces beaux moments lovées les unes contre les autres. Avoir des jumelles, c'est avoir les besoins de deux bébés à combler, c'est chronophage, mais ce qui est certain c'est que chez nous, le portage est notre meilleur allié ! »

4
Porter et allaiter

Portage et allaitement peuvent être réalisés simultanément, mais il est conseillé dans un premier temps de se familiariser avec le portage et d'être à l'aise pour donner le sein à son bébé avant de combiner les deux. Une fois les deux actions maitrisées, allaiter en portage permet de nourrir et d'apaiser son bébé quel que soit le lieu, sans avoir de matériel particulier à emporter avec soi. Si vous voulez port'allaiter, adaptez vos tenues et vêtissez-vous de vêtements permettant à l'enfant d'accéder au sein facilement (t-shirts d'allaitement ou vêtements à encolures larges).

Marques de vêtements d'allaitement : Moments Lactés®, Tajinebanane®, You & Milk®.

Pendant les tétées, le moyen de portage sera souvent desserré afin que l'enfant puisse accéder au sein. Il est alors important de surveiller son bébé et de garder une main derrière lui pour lui apporter un soutien suffisant. Ne couvrez jamais la tête de votre bébé avec un pan de tissu pour ne pas gêner sa respiration.

Même si l'allaitement est possible dans de nombreux moyens de portage, certaines installations que nous allons détailler sont souvent davantage appréciées des parents pratiquant le « port'allaitement ». Notez que, pour des raisons de sécurité, lorsque la tétée est terminée il est indispensable de repositionner l'enfant en position verticale, similaire à son positionnement initial.

ALLAITER EN SLING

Deux positions sont possibles pour allaiter en sling.

Aucun endroit pour s'asseoir à proximité, mais mon bébé a faim alors le sling est notre allié.

- **En berceau :** la première possibilité est de desserrer légèrement les anneaux et de pivoter son bébé en berceau devant le sein, tout en veillant à laisser le bas du tissu dans le creux de ses genoux. Pendant la tétée en berceau, il est nécessaire de soutenir son bébé avec un bras, tout en lui laissant la possibilité de bouger sa tête. Cela facilitera sa déglutition et lui permettra d'adapter sa succion s'il y a un afflux de lait trop important.
- **Verticalement :** la deuxième possibilité est de desserrer les anneaux tout en tenant son bébé. Cela va le faire descendre verticalement et sa bouche va se retrouver à hauteur du sein. Cette installation est peu adaptée à un nouveau-né, mais plutôt appréciée des enfants un peu plus grands qui tiennent leur tête.

ALLAITER EN PORTE-BÉBÉ À CLIPS OU EN *MEH DAI*

Pour allaiter son bébé installé dans un porte-bébé à clips ou dans un *meh dai*, il suffit de desserrer légèrement les clips ou les pans afin de faire varier la hauteur de son bébé et que sa bouche se retrouve face au sein.

Avec cette installation, au réveil de sieste, le repas sera servi en moins d'une minute.

ALLAITER EN ÉCHARPE TISSÉE

Suivant le nœud et la finition réalisée, installer son bébé en position d'allaitement sera plus ou moins aisé. Un des nœuds les plus courants en écharpe tissée est l'enveloppé croisé. En lui ajoutant une finition « nœud coulissant », il permet d'allaiter avec très peu de manipulations. En effet, il suffit alors de desserrer le nœud coulissant pour faire téter son bébé, puis de resserrer le nœud coulissant lorsque la tétée est terminée.

J'ai une écharpe tissée. Quel nœud puis-je faire pour pouvoir allaiter facilement ?

5

Portage et handicap

Lorsque parent ou enfant sont en situation de handicap, il est le plus souvent possible d'utiliser un moyen de portage. Certes, les installations peuvent nécessiter des ajustements en fonction des particularités de chacun, mais lorsque des solutions sont trouvées, le portage permet de faciliter le quotidien, de renforcer le lien et offre davantage de liberté et d'autonomie.

Je vais partager avec vous quelques pistes pour vous montrer qu'au-delà du portage conventionnel, l'adaptation est possible pour que chacun s'y retrouve et puisse vivre une parentalité qui lui ressemble. Cependant, ces indications ne remplacent pas l'accompagnement par un moniteur ou une monitrice de portage spécialisé(e) dans le champ du handicap, qui sera la personne la plus compétente pour réfléchir avec le parent et l'aider à trouver l'outil le plus adapté à ce qu'il vit. Sachez qu'il existe également l'association « Portage et Handicap » qui offre un soutien aux parents souhaitant s'initier au portage physiologique.

HANDICAP DU PARENT

- **Parent en situation de déficience visuelle :** les parents qui ont une déficience visuelle ont parfois peur que leur bébé s'étouffe et qu'ils ne s'en rendent pas compte. Proposer un portage où l'enfant est installé sur un côté de leur buste est une installation qui les rassure, car ils vont plus facilement avoir accès avec leurs doigts au visage de leur enfant. Le sling ou l'écharpe de portage sont des outils intéressants, car ils permettent d'avoir un corps à corps très proche, qui permet au parent de sentir la respiration de son bébé et ses éventuels signes de confort ou d'inconfort.

- **Parent ayant uniquement un bras valide :** quand on a l'usage d'un seul bras ou d'une seule main, que ce soit une absence de l'autre membre ou une tendinite rendant son utilisation impossible, l'écharpe tricotée contenant de l'élasthanne et élastique dans la longueur permet une installation de l'enfant. Avec cet outil, le parent peut réaliser un nœud préinstallé avec son bras valide, puis installer son bébé dedans. Le nœud préinstallé peut être un peu long à réaliser avec un seul bras, mais c'est un nœud que le parent pourra garder sur lui tout au long de la journée. Il pourra ensuite mettre ou enlever son bébé dedans à plusieurs reprises suivant ses besoins. Le sling tissé peut également être utilisé en privilégiant le positionnement des anneaux du côté de l'épaule invalide afin de pouvoir utiliser son membre valide pour vaquer à ses occupations.
- **Parent en fauteuil roulant :** lorsque l'on veut utiliser un moyen de portage et que l'on se déplace en fauteuil roulant, une règle de sécurité est d'attacher le moyen de portage sur le parent et non sur le fauteuil. En cas de chute, le parent pourra davantage protéger son enfant. Suivant le type de fauteuil (manuel ou électrique), suivant la maîtrise du fauteuil par le parent et suivant son handicap, différentes installations peuvent être possibles, face au porteur ou face au monde. Tant que la position face au porteur est possible, elle est à privilégier afin de permettre davantage d'interactions, renforçant la création du lien entre le parent et l'enfant. Cependant, au bout de quelques mois, le bébé va grandir et ses jambes prenant appui sur les cuisses du porteur, la position face au porteur ne va plus être adaptée et le portage face au monde peut alors permettre de continuer à porter.

HANDICAP DE L'ENFANT

• **Bébé hypotonique :** l'hypotonie désigne le manque de tonus dans les muscles. Quand un parent va installer un bébé hypotonique dans un moyen de portage, la tête du bébé va avoir tendance à tomber et le bébé va s'affaisser. Dans cette situation, ajouter un lange roulé dans le creux de sa nuque afin de permettre à sa tête de rester positionnée dans l'axe de sa colonne vertébrale est une possibilité.

• **Enfant en situation de déficience visuelle :** les troubles importants de la vue chez les bébés entraînent des troubles de leur développement moteur. En effet, c'est par ses expériences sensorimotrices que l'enfant voyant va découvrir ses mains qui, parce qu'il va les suivre du regard, vont l'amener à explorer les postures de côté. Privé de la vue, il n'accède que plus tardivement à ces découvertes. Le portage est un outil qui va aider les bébés déficients visuels dans leur développement moteur. Portés, ils vont pouvoir ressentir le mouvement de la marche dans leur corps, ce qui ne se produit pas lorsqu'ils sont transportés en poussette. Cela va les aider à développer leur sens de l'équilibre et à trouver des points d'appui, compétences nécessaires à l'acquisition de la marche. Les moyens de portage permettant des installations physiologiques sont vraiment à privilégier afin d'aider le bébé à s'agripper et de ne pas le priver d'une autre compétence.

• **Bébé ayant une dysplasie de la hanche :** la dysplasie de la hanche est une déformation de l'articulation de la hanche : la tête du fémur ne s'emboite pas dans le cotyle de façon optimale. Plusieurs traitements peuvent être proposés, ayant en commun la mise en abduction, c'est à dire un positionnement de l'enfant avec les cuisses écartées, genoux plus hauts que les fesses, afin d'aider la tête du fémur à se repositionner correctement au fond du cotyle.

Deux types de systèmes sont utilisés lorsque le diagnostic a lieu dans les premières semaines de vie du bébé : le lange-câlin et le harnais de Pavlik. Lorsqu'un bébé a une dysplasie de la hanche, les installations en portage garantissant une position en abduction vont être recherchées. Dans tous les cas, il est impératif d'échanger avec le médecin qui s'occupe de l'enfant afin de voir ce qu'il préconise.

Le porte-bébé peut être un outil adapté, même si l'appareillage va rendre l'installation un peu plus compliquée. La base large du porte-bébé va malgré tout permettre de soutenir l'appareil. L'utilisation d'un sling ou un nœud « croisé enveloppé » en écharpe tricotée avec un passage des pans entre les jambes du bébé est également possible.

- **Bébé ayant un pied bot :** le pied bot est une déformation du pied. Actuellement, le traitement de référence est la méthode de Ponseti qui se décompose en trois étapes : des plâtres correcteurs changés régulièrement, l'incision du tendon d'Achille et un appareillage.

Les bébés ayant un pied bot sont plâtrés les jambes fléchies, ce qui ne va donc pas poser de problème majeur pour les installer dans un moyen de portage. Cependant, ces plâtres pesant relativement lourd, ils vont être attirés par la gravité terrestre. Il est alors important de veiller à ce que les installations proposées en portage soutiennent bien la base du bébé d'un creux du genou à l'autre.

Vers ses 2 mois, le bébé va subir une opération du tendon d'Achille, puis va devoir porter une orthèse (attelle en plastique ayant la forme d'un demi-plâtre) ou des bottines, reliées à une barre de dérotation. Cette barre va gêner l'utilisation de certains moyens de portage. En effet, n'étant pas extensible, elle va rentrer dans le ventre du porteur, ce qui va être extrêmement désagréable et rendre le portage douloureux. Certains professionnels de santé vont autoriser le retrait de cette barre lors de l'installation en portage, permettant ainsi d'installer une écharpe de portage. Si cela n'est pas possible, l'utilisation d'un porte-bébé à clips sera le moyen de portage à privilégier.

5
Vingt-deux questions fréquentes liées au portage

Voici des éléments de réponse autour de vingt-deux questions fréquentes que l'on peut être amené à se poser sur le portage.

1. J'AI L'IMPRESSION QUE MON BÉBÉ N'AIME PAS LE PORTAGE, IL PLEURE DÈS QUE JE L'INSTALLE.

Lorsqu'un moyen de portage va être utilisé pour porter un bébé, certains enfants vont se sentir confortablement installés dès les premiers instants de portage tandis que, pour d'autres, ce ne sera pas instantané. Chaque enfant étant unique, il se peut que ses besoins en portage soient moins importants que ceux d'un autre enfant, mais il est également possible que d'autres raisons expliquent ses pleurs.

Si vous utilisez un outil pour porter votre bébé, mais qu'il ne semble pas apprécier le moment, ne renoncez pas trop vite et, avant d'en déduire qu'il n'aime pas le portage, un certain nombre de points peuvent donc être questionnés. En effet, plusieurs raisons peuvent expliquer ces pleurs.

1 Comment réagit-il quand il est porté à bras ? Si dans vos bras il semble apaisé, alors c'est peut-être que l'outil de portage proposé ne lui offre pas une position confortable : l'outil n'est peut-être pas adapté ou l'installation peut peut-être être optimisée.

2 Avez-vous essayé de l'installer à différents moments de la journée ? C'est peut-être le moment choisi qui n'est pas le plus propice pour votre bébé. Assurez-vous également que ses besoins primaires (faim, couche propre) soient satisfaits avant de l'installer.

3 Porte-t-il des vêtements adaptés au portage qui ne le compriment pas ?

4 N'a-t-il pas trop chaud ou trop froid ?

5 Le moyen de portage est-il correctement ajusté ? Si le bébé se sent trop serré, cela peut lui créer de l'inconfort. Il doit être bien maintenu, mais garder une petite liberté de mouvement.

6 Comment vous sentez-vous pendant l'installation ? Si vous êtes stressé et faites des mouvements saccadés, le bébé peut le ressentir et se mettre en réponse à stresser aussi. Pensez à parler à votre bébé, à lui expliquer ce que vous faites et à prendre votre temps. Pour pouvoir vivre ce qui est en train de lui arriver, le bébé doit avoir le temps d'analyser la situation ; les gestes fluides et lents le rassurent.

Si vous avez exploré les pistes précédentes, mais que malgré tout votre bébé semble inconfortable ou se positionne d'une façon qui vous questionne, n'hésitez pas à vous référer au médecin qui suit votre enfant. Il pourra vous orienter pour vous aider à trouver la cause de vos difficultés.

2. J'AI EU UNE CÉSARIENNE. EST-CE QUE JE PEUX PORTER MON BÉBÉ ?

Après avoir donné naissance à son bébé par césarienne, il est recommandé de se ménager au maximum afin de faciliter la cicatrisation. Les mouvements qui impliquent de se pencher vers l'avant et le port de charges lourdes sont à éviter. Les premiers jours, privilégiez le peau-à-peau pour commencer à récupérer. Quand vous vous sentez mieux, il est possible de porter son bébé avec un moyen de portage, en utilisant des outils n'appuyant pas sur la cicatrice. Privilégiez des outils permettant un portage haut, sans ceinture ou nœuds passant sur le ventre. Le sling et certains nœuds en écharpe de portage comme le kangourou ventre peuvent être adaptés.

3. À PARTIR DE QUAND PUIS-JE PORTER MON BÉBÉ SUR MON DOS ?

Le portage sur le dos peut être réalisé dès la naissance de son bébé avec une écharpe tissée. Cependant, ce n'est recommandé qu'à partir du moment où vous vous sentez prêts pour le faire. Maîtriser des techniques d'installation en portage ventral au préalable est souvent aidant. Quand ils veulent porter sur le dos, beaucoup de parents ont l'appréhension de faire tomber leur bébé. Pour prendre confiance, se faire accompagner par un professionnel du portage est une possibilité ou réaliser ses installations à deux et avec un canapé ou un lit à proximité peut être sécurisant.

4. QUAND JE PRATIQUE LE PORTAGE, LA POUSSETTE EST-ELLE INDISPENSABLE ?

Durant les premières années de vie de votre enfant, vous aurez besoin d'un moyen de le transporter pour vous déplacer avec lui et, aujourd'hui, il existe deux possibilités : le moyen de portage ou la poussette. De nombreux parents investissent dans une poussette, qui fait partie aujourd'hui des équipements incontournables des magasins de puériculture. Elle a l'avantage de permettre au parent de transporter des objets et d'accrocher des sacs sans devoir porter une charge supplémentaire. De plus, lorsque le bébé dort dans sa poussette, le parent est libre de ses mouvements ce qui peut être pratique lors des temps de repas par exemple. Certaines coques se fixent à la fois sur les châssis des poussettes et sur les bases des voitures, servant alors de siège auto. Elles peuvent donc être un atout quand le bébé s'est endormi puisqu'il n'y a pas besoin de le manipuler, ce qui pourrait le réveiller. En revanche, même si aujourd'hui il existe des modèles compacts, la poussette reste un objet lourd et encombrant et il n'est pas toujours facile de se faufiler sur certains trottoirs étroits ou dans les allées des magasins, ni de monter les marches des escaliers que vous pourrez trouver sur votre chemin. Certains bébés n'apprécient pas non plus la distance physique avec leur parent lorsqu'ils sont installés dans une poussette.

La poussette peut donc avoir une utilité dans certaines situations même si vous souhaitez porter votre bébé, mais cela dépend principalement de votre mode de vie et de vos envies. Il est tout à fait possible de ne jamais investir dans l'achat d'une poussette comme il est possible d'alterner poussette et portage. Si vous hésitez, vous pouvez attendre la naissance de votre bébé avant de vous équiper afin de ne pas réaliser un achat coûteux qui ne vous serait finalement pas utile.

Si vous décidez d'avoir une poussette, il est recommandé d'en choisir une qui permette au bébé d'être face à son parent durant sa première année de vie. En effet, une poussette tournée vers le parent permet au bébé d'avoir un contact visuel avec lui, ce qui le rassure et réduit les sursollicitations provenant de l'extérieur. Lorsque le bébé est installé de cette façon, le parent peut également gagner en tranquillité d'esprit en ayant son bébé dans son champ de vision.

5. APRÈS UNE CERTAINE DURÉE DE PORTAGE MON BÉBÉ A DES MARQUES ROUGES. DOIS-JE M'INQUIÉTER ?

Quand on enlève son enfant d'un moyen de portage, il peut avoir des marques rouges derrière la nuque ou sur ses jambes. Elles correspondent aux traces de contact laissées par la pression du moyen de portage et le porteur peut en avoir aussi. Tant qu'elles disparaissent rapidement lorsque l'enfant est sorti du moyen de portage et qu'elles ne lui occasionnent pas de douleur, il n'y a pas lieu de s'inquiéter. Par contre, si les marques sont très prononcées, elles peuvent être le signe d'un serrage trop important, d'un tissu mal positionné ou encore d'un tablier de porte-bébé trop petit ou non réglé de manière optimale.

6. MON BÉBÉ VEUT SORTIR SES BRAS DU MOYEN DE PORTAGE. EST-CE DANGEREUX ?

Quand le bébé est nouveau-né, positionner ses bras près de son visage va le rassurer et lui permettre de s'auto-apaiser en tétant ses poings. Cela favorisera aussi son agrippement et sa position enroulée dans le moyen de portage. Quand il va grandir, en période d'éveil, il peut avoir envie de sortir ses bras afin d'être en interaction avec le monde qui l'entoure : pointer du doigt certains objets ou en toucher d'autres. Laissez-le faire, mais s'il s'endort, pensez à rentrer ses bras dans le moyen de portage, à repositionner ses mains à proximité de son visage et à resserrer l'outil de portage s'il s'est détendu. En effet, comme les muscles dorsaux de l'enfant vont se relâcher en se détendant, lui assurer un bon maintien pendant la durée de sa sieste est gage de sécurité.

7. MON BÉBÉ S'EST ENDORMI EN PORTAGE, MAIS COMMENT L'ENLEVER DU MOYEN DE PORTAGE SANS LE RÉVEILLER ?

Après sa naissance, le bébé peut dormir en portage plusieurs heures par jour. Parfois, vous adorez le sentir contre vous mais, à d'autres moments, vous pouvez avoir envie de le poser en cours de sieste pour retrouver une complète mobilité. Chez certains bébés, la dépose, appelée aussi le largage, peut fonctionner les premières semaines, chez d'autres beaucoup moins. Plus l'enfant va grandir, plus cela peut être complexe d'espérer pouvoir le poser en cours de sieste puisque s'éveillant au monde, l'enfant va être davantage sensible aux changements d'environnements, et si ses stratégies d'endormissement ne sont pas maintenues pendant toute la durée de sa sieste, il risque de se réveiller plus facilement.

Quelques pistes d'accompagnement avant de sortir son bébé du moyen de portage peuvent être testées, pour maximiser ses chances de réussite de dépose :

1. Accompagnez votre bébé en restant en mouvement et en maintenant le contact physique le plus longtemps possible pendant la désinstallation, puis retirez progressivement votre main de son corps.
2. Penchez-le sur le côté pour le déposer car, s'il se sent tomber en arrière, il risque de déclencher un réflexe de Moro qui peut le réveiller.
3. Laissez le moyen de portage sur le dos du bébé pour qu'il conserve un peu de votre chaleur (en gardant toujours un œil sur lui et en étant attentif à ce que ses voies respiratoires soient dégagées) ou mettez une bouillotte pour chauffer l'emplacement prévu pour sa dépose. Moins le contraste de température sera important, moins l'enfant le ressentira.

8. JUSQU'À QUEL ÂGE PUIS-JE PORTER MON ENFANT ?

En théorie, il est possible de porter de la naissance jusqu'à 6 ans environ. En pratique, cela dépendra des besoins de l'enfant et des limites du parent. En effet, les capacités physiques de chaque porteur sont différentes et, parfois, c'est le poids de l'enfant qui marquera la fin du portage car le parent ne se sentira plus en capacité de le porter.

Quoi qu'il en soit, la durée de portage va évoluer avec le temps, et si porter un nouveau-né plusieurs heures par jour est commun, il est rare qu'un enfant de 5 ans veuille passer sa journée en portage. Le portage est un outil qui permet de répondre à des besoins et ces besoins évoluent au fil du développement moteur de l'enfant. Les premiers mois, le portage permet de transiter en douceur de la vie intra-utérine à la vie terrestre. Après l'acquisition de la marche, il peut permettre de prolonger les balades lorsque les jambes de l'enfant fatiguent. À tout âge, un câlin dans un outil de portage peut être un moyen de recharger les batteries de chacun. Notez que plus l'enfant grandit, plus le portage dos devient intéressant pour la répartition du poids sur le corps du porteur et pour dégager l'espace devant soi.

Porter, c'est un duo à synchroniser, alors à vous de vous adapter, en sachant néanmoins qu'il vous faudra probablement utiliser différents moyens de portage si vous souhaitez porter plusieurs années.

9. COMBIEN DE TEMPS PAR JOUR PUIS-JE PORTER MON BÉBÉ ?

Si vous portez votre bébé en position physiologique dans un moyen de portage respectueux de son développement, que vous êtes confortable et lui aussi, il n'y a pas de limite de temps. Certains bébés manifesteront le besoin d'être portés tous les jours plusieurs heures par jour, d'autres seront moins en demande. Soyez à l'écoute des messages envoyés par votre bébé, il saura vous faire comprendre s'il veut que vous le sortiez de l'outil. Au fil du développement de votre bébé, la durée du portage va également évoluer puisqu'il manifestera de plus en plus le souhait de se mouvoir au sol. Le portage est un outil au service d'un besoin, sa durée d'utilisation évolue donc avec l'évolution des besoins de chacun.

10. SUR LA NOTICE DE MON MOYEN DE PORTAGE C'EST ÉCRIT À PARTIR DE 3,5 KG. MON BÉBÉ EST NÉ PESANT 3 KG, PUIS-JE LE PORTER ?

Le poids minimum indiqué sur le moyen de portage correspond à un poids de naissance moyen des enfants. Ce sont les normes européennes qui l'ont défini et qui exigent la mention de ce poids minimum-là. Si votre bébé est né à terme et en bonne santé, nul besoin d'attendre qu'il fasse exactement 3,5 kg pour l'installer en toute sécurité.

11. MON ENFANT A EU 6 MOIS. EST-CE TROP TARD POUR COMMENCER À UTILISER UN MOYEN DE PORTAGE ?

Il est possible de commencer à utiliser un moyen de portage quel que soit l'âge de l'enfant. Par contre, un enfant n'ayant pas eu l'habitude d'être porté peut avoir davantage de difficultés à s'installer en position physiologique et à s'agripper. Pour un porteur qui n'a pas l'habitude de porter, son poids peut alors paraître lourd. Commencez par de petites durées de portage pour permettre à votre musculature de se renforcer et, petit à petit, vous allez vous accorder et vous profiterez pleinement de cette proximité partagée. Laissez-vous simplement un peu de temps.

12. MON BÉBÉ VIENT DE NAÎTRE PRÉMATURÉMENT. EST-CE QUE JE PEUX UTILISER UN MOYEN DE PORTAGE OU EST-CE PRÉFÉRABLE D'ATTENDRE QU'IL GRANDISSE ?

La prématurité définit les bébés nés avant 37 semaines d'aménorrhée, ce qui correspond en France à environ 8 % des bébés. Ces nouveau-nés naissent avant que leurs organes n'aient pu acquérir la maturité suffisante pour fonctionner en autonomie. Ils peuvent être immatures sur le plan cérébral, digestif, pulmonaire ou encore respiratoire. Ces bébés vivent le début de leur vie extra-utérine au sein de services médicalisés parfois bruyants où ils subissent de nombreux soins plus ou moins douloureux. Afin d'aider ces bébés à se développer de façon harmonieuse, les interactions tactiles sont primordiales.

Le portage d'un bébé né prématurément est possible lorsque l'enfant est suffisamment stable pour être pris dans les bras, en concertation avec les professionnels de santé qui le suivent au quotidien. Le portage apporte beaucoup à ces bébés nés plus tôt, en leur permettant de continuer à se développer contre leurs parents dans des conditions proches de celles de la grossesse. C'est également un outil précieux dans la création du lien pour les parents, qui sont eux aussi devenus parents prématurément et qui peuvent ressentir de nombreuses émotions.

Plusieurs études ont mis en avant les bénéfices de la pratique du peau-à-peau qui est un antidouleur naturel. Les bénéfices de cette pratique, consistant au fait de porter contre sa poitrine son bébé vêtu uniquement d'une couche, sont multiples : le sommeil des bébés est souvent plus réparateur, leur système cardio-respiratoire est plus stable, leurs phases d'éveil sont plus qualitatives et leur digestion est facilitée.

Pour porter un bébé né prématurément, l'utilisation d'une écharpe de portage peu large est intéressante afin que le bébé ait le moins de tissu possible dans le creux de ses petits genoux. Plusieurs études scientifiques récentes ont mis en avant les bienfaits du peau-à-peau en portage avec une installation asymétrique de l'enfant qui permet au parent d'entrer en relation avec lui. Le moyen de portage apportant un maintien au bébé, les mains du parent sont libres pour pouvoir le caresser et le découvrir par le toucher et le regard.

Installer son bébé parfois câblé avec plusieurs fils peut nécessiter d'être accompagné, mais le portage permet de pratiquer le peau-à-peau en augmentant ses bienfaits, notamment grâce à des contacts visuels et tactiles plus nombreux.

13. MON BÉBÉ NE S'ENDORT QU'EN PORTAGE. JE VAIS REPRENDRE LE TRAVAIL. QUE PUIS-JE FAIRE ?

Lors de ses premiers mois de vie, le bébé s'endort souvent rapidement et paisiblement au contact de son parent. Quand il grandit, il peut continuer à s'endormir en portage et se mettre à pleurer quand il est posé dans son lit pour la sieste, car ses stratégies de sommeil ont jusqu'alors été liées au portage.

Si les siestes en portage vous conviennent, ne vous privez pas et continuez. Le bébé a de grandes capacités d'adaptation et, le moment venu, il pourra développer de nouvelles stratégies d'endormissement au contact d'une autre personne. Si les siestes en portage ne vous conviennent plus, vous pouvez alors progressivement l'accompagner vers de nouvelles stratégies de sommeil.

14. J'AI MAL AU DOS QUAND J'UTILISE MON MOYEN DE PORTAGE. QU'EN PENSER ?

Le moyen de portage est un outil qui peut vraiment limiter les maux de dos chez un porteur en bonne santé en permettant d'équilibrer le poids de l'enfant sur le corps du porteur. Un moyen de portage bien réglé et adapté au porteur ne devrait donc pas faire mal au dos, sauf si le porteur a des fragilités identifiées et, auquel cas, il est important de se faire accompagner pour trouver un outil qui pourrait convenir au portage de son bébé.

Néanmoins, si un mal de dos apparaît au cours du portage, il est intéressant de vérifier les réglages, la hauteur et la position de portage ou d'essayer un autre outil. De plus, commencer à porter dès la naissance permet de muscler son dos et de continuer à porter son bébé sans douleur au fur et à mesure qu'il prend du poids. Si vous n'avez jamais porté, mais que vous allez randonner deux heures avec un bambin de 15 kg, il est probable que vous ayez mal au dos. Si le mal de dos persiste, n'hésitez pas à consulter un professionnel de santé.

15. SI JE PORTE BEAUCOUP MON BÉBÉ, EST-CE QUE JE NE VAIS PAS LUI DONNER DE MAUVAISES HABITUDES ?

Le besoin de relation et d'affection du bébé est fondamental et porter son bébé à bras ou dans un moyen de portage, c'est répondre à ses besoins de proximité. Au contact de ses figures d'attachement, le bébé va pouvoir se développer de façon harmonieuse. Il va créer un attachement sécure, participant à lui offrir des bases solides à partir desquelles il va se sentir en confiance pour aller découvrir son environnement proche puis plus lointain.

N'ayez pas peur de trop porter votre bébé : n'oubliez pas que remplir le réservoir affectif des enfants n'est pas une mauvaise habitude, mais une prise en considération de leurs besoins. Prenez plaisir à créer du lien avec lui et, si vous aimez le porter, portez-le autant que vous en avez envie. Il y a un temps pour tout et le détachement de l'enfant viendra lorsque son sentiment de sécurité affective sera comblé. Il ira alors explorer son environnement de façon autonome. Ces deux processus peuvent paraître contradictoires, mais sont en réalité complémentaires.

Des expérimentations menées dès le début du XXe siècle, notamment par le psychanalyste René Spitz, ont mis en évidence que les bébés dont on ne satisfait que les besoins physiologiques d'alimentation ou d'hygiène perdent petit à petit de l'intérêt pour leur environnement. Les besoins psychologiques dont celui de proximité relationnelle, qui se construit grâce au contact entre le nourrisson et le parent, sont donc tout aussi essentiels.

Le biologiste Félix Stauffer écrivait : « En portant votre bébé, vous lui transmettez ce qu'aucune chambre d'enfant installée avec amour, aucun berceau ni aucune poussette ultra confortable ne peuvent transmettre : le sentiment de bien-être, de sécurité, de chaleur, le mouvement, la vie. »

16. SUR LA BOÎTE D'UN PORTE-BÉBÉ C'EST ÉCRIT ERGONOMIQUE. PUIS-JE L'ACHETER LES YEUX FERMÉS ?

Les mots « ergonomique » ou « physiologique » sont vendeurs, mais ne garantissent pas une possible installation physiologique respectueuse du corps du bébé et du corps du parent. Restez donc vigilants face aux produits proposés et aux prix trop attractifs sur certaines plateformes de vente, car les matériaux ou les teintures utilisés ne sont pas forcément homologués.

17. JE SUIS ASSISTANTE MATERNELLE. PUIS-JE PORTER LES BÉBÉS QUE JE GARDE ?

Lorsque l'on accueille des enfants, en crèche ou en tant qu'assistante maternelle, le portage peut être un outil permettant de faciliter les sorties, l'adaptation d'un enfant au nouvel environnement ou de répondre à certains besoins de proximité tout en pouvant s'occuper de plusieurs enfants. Du côté de l'adulte, il permet également de prévenir des troubles musculo-squelettiques impliquant notamment le dos, les épaules et les poignets. Le moyen de portage, en apportant un soutien à l'enfant, permet de limiter les déséquilibres posturaux du porteur et de relâcher ces parties du corps sollicitées à de multiples reprises tout au long de la journée.

Cependant, une formation est indispensable pour assurer la sécurité des enfants portés. Ensuite, intégrer cette pratique dans le projet d'accueil est une des clés pour que les parents des enfants accueillis perçoivent le portage comme un outil parmi la boîte à outils du professionnel auquel ils confient leur enfant. Finalement, c'est un moyen de permettre un portage à bras plus confortable. En prenant le temps d'expliquer aux parents les atouts d'utiliser le portage, ils pourront alors poser des questions s'ils en ont et comprendre son utilité pendant le temps d'accueil.

18. LE PORTAGE EST-IL UN FREIN DANS L'ACQUISITION DE LA MARCHE ?

Lorsque l'enfant est installé de façon physiologique dans un moyen de portage, il ressent les mouvements du porteur et les accompagne. Cela va lui permettre d'expérimenter les changements d'appui, de se muscler le dos petit à petit et de développer son sens de l'équilibre, qui entre en jeu lors de l'acquisition de la marche. Plus l'enfant va grandir, plus il est important de lui proposer de nombreux temps de jeux libres au sol afin d'explorer les retournements, le ramper ou encore le quatre-pattes. Le portage ne ralentit donc pas les acquisitions motrices mais, au contraire, peut les faciliter.

19. PUIS-JE APPRENDRE À PORTER EN REGARDANT UN TUTORIEL VIDÉO ?

Aujourd'hui, de nombreuses vidéos de portage existent, mais il est important de garder en tête qu'apprendre à porter son enfant, ce n'est pas uniquement enchaîner des gestes les uns à la suite des autres. De plus, l'absence d'interaction avec la vidéo ne permet pas d'avoir un feedback sur son installation ni de l'optimiser. Les vidéos sont plutôt intéressantes à utiliser lorsque les bases du portage sont maîtrisées et permettent d'aider à visualiser les étapes d'installation d'un outil. En complément d'un atelier de portage, elles peuvent servir à se remémorer un nœud d'écharpe ou aider à en apprendre de nouveaux quand les bases d'installation et de serrage sont maîtrisées. Pensez néanmoins à garder un œil critique sur les vidéos que vous visionnez, en vous assurant qu'elles sont réalisées par une personne formée dans le domaine du portage et qu'elles sont adaptées à l'outil que vous avez entre les mains.

20. JE SUIS DE FORTE CORPULENCE, QUELS OUTILS PUIS-JE UTILISER POUR PORTER MON BÉBÉ ?

La corpulence du porteur peut avoir une incidence sur le portage du bébé, mais des possibilités existent pour porter de manière confortable. Voici quelques conseils à avoir en tête, suivant le type de moyen de portage :

- **Les écharpes tissées :** choisissez-en une de grande taille afin d'avoir suffisamment de longueur de tissu pour réaliser votre double-nœud final.
- **Les porte-bébés préformés à clips :** assurez-vous que le rembourrage des bretelles soit suffisamment long afin d'éviter qu'elles ne vous cisaillent les aisselles, les bras ou la poitrine.
- **Les *meh dai* :** ces moyens de portage sont souvent appréciés, les bretelles à nouer étant souples, elles ne donnent pas de sensation de cisaillement.

21. COMMENT PUIS-JE ENTRETENIR MON MOYEN DE PORTAGE ?

À l'achat d'un moyen de portage neuf, il est indispensable de le laver avant la première utilisation. Ce lavage permet de débarrasser le produit des impuretés accumulées et de terminer le processus de fabrication du produit. En effet, de nombreux moyens de portage sont conçus pour obtenir leur consistance définitive une fois lavés. C'est le cas par exemple des écharpes en coton qui sont tissées un peu lâche et qui, après un premier lavage, vont atteindre le volume nécessaire à une utilisation optimale. Si vous utilisez le produit sans l'avoir lavé, vous risquez d'endommager les fibres le constituant et de fragiliser votre moyen de portage.

À réception d'un moyen de portage, lisez l'étiquette d'entretien de votre produit. En règle générale, un lavage à 30° avec un essorage à 800 tours/minute et un peu de lessive est préconisé. Le séchage s'effectue le plus à plat possible et à l'ombre, car la lumière du soleil peut décolorer le produit. L'adoucissant est à proscrire, car il a tendance à encrasser les fibres.

Pour laver un porte-bébé préformé, fermez toutes ses boucles et mettez-le dans une taie d'oreiller afin de limiter les chocs sur les boucles de sécurité. Si vous lavez un sling, pensez à enrouler les anneaux dans des chaussettes pour protéger le tambour de votre machine à laver.

Quand vous utilisez votre moyen de portage, évitez de le laver trop fréquemment en machine à laver. S'il présente une tache, optez plutôt pour un lavage à la main de la tache. En effet, le calcaire contenu dans l'eau a tendance à encrasser les fibres et, en sortie de machine, votre moyen de portage sera moins facilement maniable.

22. C'EST QUOI LE MEILLEUR MOYEN DE PORTAGE ?

Il n'y a pas de meilleur moyen de portage universel, sinon ce livre aurait été beaucoup plus succinct ! Le meilleur moyen de portage pour un duo porteur/porté, c'est celui qui permettra à l'enfant d'être installé de façon confortable et sécuritaire et au parent d'être à l'aise et de se sentir en confiance. Certains outils sont parfois décrits comme étant « meilleurs » que d'autres, mais tout dépend de l'utilisation qui en est faite. L'idéal est de pouvoir essayer différents moyens de portage en étant accompagné d'un professionnel formé, afin de pouvoir faire un choix adapté. Le moyen de portage qui est le meilleur à un moment donné pour un duo porteur/porté va d'ailleurs souvent évoluer avec le temps puisque le portage n'est pas figé. Quand l'outil qui vous convenait devient inconfortable, cela ne signifie pas que, pour vous, le portage c'est terminé, mais peut-être qu'il est simplement temps de changer d'outil ou de faire évoluer votre installation.

CONCLUSION

Pour de nombreux parents ou futurs parents, le portage est un monde obscur qui peut paraître impénétrable, n'étant plus transmis de génération en génération. Pourtant, le portage apparaît bien avant la naissance, quand le désir d'enfant émerge. C'est donc d'abord par la pensée que le bébé est porté par ses parents. Puis, quand l'embryon se niche dans le corps de sa mère, le portage physique commence. Pendant 9 mois, la mère va porter son enfant dans son esprit et dans son corps. Après l'accouchement, le portage psychique va se poursuivre par la qualité de la présence, par le regard, par la pensée ou encore par la parole, et le portage physique, dans les bras ou avec un moyen de portage, va accompagner le développement de l'enfant au niveau moteur et affectif.

Un enfant porté ne va pas devenir capricieux parce que le portage répond au besoin physiologique et naturel du bébé d'être contre son parent. Avancez sur votre propre chemin, créez la parentalité qui vous ressemble et portez si vous le désirez, que ce soit pour apaiser votre bébé, pour le consoler, pour faciliter votre quotidien ou simplement pour vous enivrer de son odeur. Suivez vos envies, soyez à l'écoute de votre enfant et faites ce qui vous semble le mieux. C'est difficile d'être parent aujourd'hui, mais c'est en vous reconnectant à vous-mêmes que vous apprécierez le chemin parcouru. Pour certains parents et enfants, le portage sonnera comme une évidence ; pour d'autres, le besoin sera moindre. Le moyen de portage est simplement un outil possible à avoir dans sa mallette de parent. L'essentiel reste peut-être d'ajuster vos pratiques en fonction de vos aspirations et en étant alignés avec ce en quoi vous croyez.

Si vous n'avez pas porté vos aînés dans un moyen de portage parce que vous n'en aviez pas envie, parce que ça n'a pas fonctionné ou pour toute autre raison, ne culpabilisez pas.

Le porte-bébé est avant tout une invention pour les parents, afin qu'ils puissent continuer à vaquer à leurs occupations tout en répondant au besoin de proximité de leur bébé. Oui, le portage prolongé grâce à un moyen de portage peut favoriser le développement moteur du bébé et apporter beaucoup tant au parent qu'à l'enfant, mais ce dont votre bébé a le plus besoin, c'est d'amour et de contact, alors si vous le prenez dans vos bras, vous portez votre bébé ! Si vous essayez de porter votre enfant, mais que cela ne fonctionne pas du premier coup, ne vous découragez pas et n'hésitez pas à vous faire accompagner par des professionnels formés. Plus vous pratiquerez, plus vous pourrez acquérir des gestes fluides qui rendront vos installations de plus en plus faciles et rapides. Il n'existe pas une façon unique de porter son enfant, mais de multiples possibilités, alors il est certain qu'il y en a une adaptée à votre duo.

L'offre des moyens de portage est vaste et cette grande diversité peut déstabiliser quand il faut choisir un outil pour porter son enfant. Alors j'espère que ce livre vous a aidé à y voir plus clair, que vous ayez envie de vous lancer dans le portage ou non.

Le portage, c'est bien plus qu'un simple moyen de transport, c'est un outil qui a apporté douceur et apaisement dans les premiers pas de ma vie de maman. J'espère que les connaissances que j'ai partagées dans ce livre vous aideront à créer de magnifiques moments de portage dont vous vous souviendrez avec une belle nostalgie quand vos bébés auront grandi.

ANNEXES

RESSOURCES UTILES

LIVRES :

- Chloé BEDOUET et Élise MARCENDE, *Dépression POST-PARTUM : La face cachée de la maternité*, Larousse, 2023.
- Maëva BLANCHARD, *Pharmaconseils pour mon bébé*, Larousse, 2023.
- Céline CHADELAT et Marie MAHÉ-POULIN, *Le mois d'or : Bien vivre le premier mois après l'accouchement*, Presses du Châtelet, 2019.
- Lucile GOMEZ, *La naissance en BD*, Mama Éditions, 2020.
- Caroline GUILLOT, *Manuel très illustré d'allaitement*, Fi, 2022.
- Anaïs KOVALEFF, *J'apaise les pleurs de mon bébé*, Marabout, 2023.

COMPTES INSTAGRAM :

De nombreux comptes Instagram abordent des sujets liés à la puériculture. Je partage avec vous les comptes que j'aime particulièrement en raison de la pertinence des informations qu'ils proposent et de la bienveillance qui se dégage de chacune de ces personnes.

- **Accompagnement périnatal :** @laurie__daniel et @amandine_naissance
- **Diversification alimentaire :** @ergomums
- **Kinésithérapeute spécialiste de la femme :** @physiomathildeelind
- **Sage-femme :** @charline.sagefemme
- **Signes avec bébé :** @lyla_signes
- **Yoga et parentalité :** @unamouraunaturel

GLOSSAIRE

- **Corde :** tissu d'écharpe plissé et regroupé en accordéon.
- **Écharpe tissée :** long morceau de tissu fabriqué sur un métier à tisser en entrecroisant à angle droit un ensemble de fils.
- **Écharpe tricotée :** long morceau de tissu fabriqué sur une tricoteuse munie d'aiguilles.
- **Effet rebond :** sensation de rebondissement du bébé dans un sling ou une écharpe tricotée.
- **Filet :** aide au portage à bras en forme de tube qui permet de soulager les bras du porteur.
- **Lisière :** bord du tissu situé de chaque côté de l'écharpe de portage dans sa longueur.
- ***Meh dai* :** moyen de portage d'inspiration asiatique, constitué d'un grand rectangle de tissu formant le tablier et de quatre pans à nouer : deux pans forment la ceinture et deux autres pans plus longs se nouent pour former deux bretelles.
- **Nouage :** manière dont on va attacher l'écharpe de portage.
- ***Onbuhimo* :** moyen de portage d'inspiration asiatique, composé de deux bretelles et d'un rectangle de tissu formant le tablier.
- **Portage physiologique :** portage respectueux du développement anatomique de l'enfant.
- **Reflux gastro-œsophagien (RGO) :** il correspond au passage involontaire et par intermittence dans l'œsophage d'un liquide contenu dans l'estomac (chez le bébé, c'est le lait).
- **Rodage :** action d'assouplir son moyen de portage pour le rendre plus agréable à manipuler.

- **Serrage pli par pli :** afin de bien soutenir toute la colonne vertébrale du bébé, il est nécessaire de serrer l'écharpe zone par zone. Un serrage pli par pli consiste donc à tirer sur le tissu environ tous les 5/10 centimètres pour que plusieurs lignes de tension se créent autour du bébé, permettant de le mouler au plus près de son corps.
- **Sling :** écharpe courte sur laquelle deux anneaux sont cousus à une extrémité.
- **Tablier :** rectangle de tissu de certains moyens de portage dans lequel le bébé est installé.
- **Tonus :** il correspond à l'état de tensions permanent qui s'exerce sur les muscles au repos.
- **Twist :** afin d'éviter un passage trop important de tissu sur les jambes du bébé et de préserver le périnée du porteur, il peut être intéressant de réaliser une torsade en fin de nouage. Cela consiste à tourner le tissu en le serrant vers le bas puis à le passer dans le dos pour réaliser le double nœud final.
- **Volte :** manipulation du tissu d'écharpe qui permet d'inverser les lisières hautes et basses, créant de nouvelles lignes de tension et libérant les voies respiratoires.
- **Vriller le tissu :** cela signifie que le tissu est positionné en ayant subi une ou plusieurs rotations. Quand on réalise une installation en portage, il est important de ne pas vriller le tissu afin d'éviter les cisaillements sur le corps du porteur et de pouvoir réaliser un serrage sur mesure sans mélanger les lisières hautes et basses.

REMERCIEMENTS

Merci à toutes les personnes qui ont été à mes côtés dans la réalisation de ce livre et qui ont participé à donner à ce projet une dimension humaine incroyablement enrichissante.

Merci à Julien pour le soutien moral et logistique apporté dans ce projet. Tu es le photographe d'une grande partie des photos, merci d'avoir fixé ces souvenirs et d'être toujours prêt à m'épauler depuis plus de dix ans.

Merci à mes enfants Gaston et Sacha de m'avoir ouvert les portes du monde de la parentalité. Je vous ai tant désiré, je me sens tellement chanceuse d'être votre maman et je vous aime le plus fort du monde.

Merci à Tania de m'avoir accompagnée en tant qu'illustratrice de ce livre. Tu étais la personne parfaite à mes yeux pour réaliser les dessins. Nos discussions ont enrichi ma maternité et j'ai beaucoup de gratitude à t'avoir dans ma vie.

Merci à Marine P, Marine L, Aurélie, Lucie, Soisic, Céline, Audrey, Pauline et Noëmie. Votre écoute toujours bienveillante est précieuse et vous savoir à mes côtés me porte.

Merci à mes parents pour leur amour inconditionnel et pour avoir répondu présents à chaque étape clé de l'élaboration de ce livre. Votre avis m'a aidé à cheminer et à organiser mon propos afin de le rendre le plus clair possible.

Merci à Romain pour la justesse de tes conseils lorsque j'en ai eu besoin.

Merci à Aurélia pour ta gentillesse et pour tes encouragements dans ce projet.

Merci à mes éditrices Caroline et Mathilde et à l'équipe des éditions Hatier de m'avoir fait confiance et de m'avoir offert l'opportunité d'écrire ce livre afin de partager autour du portage et de lui donner de la visibilité.

Enfin, merci à toutes les personnes que j'ai croisées sur mon chemin de monitrice de portage au travers d'un atelier ou à distance via mon compte Instagram @calindekoala. Nos échanges nourrissent mes réflexions afin de vous accompagner au plus proche de vos besoins. N'hésitez pas d'ailleurs à m'y retrouver là-bas vous aussi !

Hatier parents

Photos lifestyle et pas-à-pas : Chloé Ponsin
Dessins p. 7, 21, 37, 44, 62 : Taninette
Schémas techniques : stock.adobe.com
p. 39 : © Alila Medical Media
p. 120 : © elenabsl

ISBN : 978-2-401-10348-1

Achevé d'imprimer par Imprimerie
de Champagne - France

Dépôt légal : 10348-1/01 – février 2024

PAPIER CERTIFIÉ

Hatier s'engage pour l'environnement en réduisant l'empreinte carbone de ses livres. Celle de cet exemplaire est de :
750 g éq. CO_2
Rendez-vous sur www.hatier-durable.fr